中小企业

风险内控手册

仁和会计教学研发中心 ◎ 编著

立信会计 出版社

LIXIN ACCOUNTING PUBLISHING HOUSE

图书在版编目(CIP)数据

中小企业风险内控手册/仁和会计教学研发中心编
著.—上海:立信会计出版社,2022.4(2022.9 重印)
ISBN 978-7-5429-7042-8

Ⅰ.①中… Ⅱ.①仁… Ⅲ.①中小企业—财务管理—
风险管理—手册 Ⅳ.①F276.3-62

中国版本图书馆 CIP 数据核字(2022)第 048286 号

策划编辑　　方士华
责任编辑　　方士华　毕芸芸

中小企业风险内控手册

ZHONGXIAO QIYE FENGXIAN NEIKONG SHOUCE

出版发行	立信会计出版社	
地　　址	上海市中山西路 2230 号	邮政编码　200235
电　　话	(021)64411389	传　　真　(021)64411325
网　　址	www.lixinph.com	电子邮箱　lixinaph2019@126.com
网上书店	http://lixin.jd.com	http://lxkjcbs.tmall.com
经　　销	各地新华书店	

印　　刷	上海盛通时代印刷有限公司
开　　本	880 毫米×1230 毫米　1/32
印　　张	6.25　　　　　　　　插　页　4
字　　数	190 千字
版　　次	2022 年 4 月第 1 版
印　　次	2022 年 9 月第 2 次
书　　号	ISBN 978-7-5429-7042-8/F
定　　价	66.00 元

如有印订差错,请与本社联系调换

据《人民日报》2019 年 1 月 11 日第 3 版报道，到 2018 年年底，全国企业数量为 3474.2 万户。进入市场的新企业逐年增多，而倒闭企业的数量也逐年攀升。2014 年至 2018 年，年度注销企业数分别为 50.59 万、78.84 万、97.46 万、124.35 万和 181.35 万，平均每进入市场 3.69 户企业，就有 1 户企业通过注销退出市场。中小企业的平均生命周期只有 2.5 年，能做强做大的更是廖廖无几。经营状况良好的企业都是相似的，经营状况不好的企业各有各的原因，没有做好内部控制就是原因之一，而中小企业尤其需要内部控制。

尽管很多人还不清楚内部控制是什么，但内部控制的重要性从招聘市场对内部控制相关岗位的青睐就可见一斑。在各大招聘网站上，内部控制相关的岗位已经成为高薪的代名词，足见很多企业已经越来越重视内部控制。

那么，什么是内部控制呢？内部控制简称"内控"，又称"风险管理与内部控制"，是指由企业董事会、监事会、经理层和全体员工实施的，旨在实现控制目标的过程，是企业风险管理的基础工具。内部控制的目的是帮助企业控制风险，实现组织目标，更好地、更长久地活下去。

内部控制强调全员参与，企业的管理层、各部门、各级人员都参与进来才可达到内部控制的目标。有些企业会设置"内控"相关的岗位，但大多数中小企业的内部控制是由财务部门引领和主导的，其在实施控制的过程中发挥了积极作用。

　　本书从日常财务管理的角度切入中小企业的内部控制，详细介绍了销售管理、采购管理、存货管理、固定资产管理、日常资金管理、费用报支管理、合同管理、人力资源管理这八项管理中的常见风险、业务流程与核心控制，列出了常用的工具表单（可通过扫描本书后勒口二维码获取），并通过深入剖析现实中的企业案例，为广大中小企业在基础管理中遇到的问题提供了解决方法和思路，希望能给从事财务工作的您带来启发和参考。

　　除了财务人员，中小企业的领导层可将本书作为识别企业风险并优化内部控制的工具，从而更好地实现企业目标；企业不同部门的管理者可将本书作为参考来识别部门管理风险，优化管理流程；对于想要从事内部控制相关工作的读者，本书可带您入门。

　　本书从立项到付梓的过程离不开撰稿人张祎诚的内容提供，离不开刘继英的内容审核，离不开周媛媛、孙睿和陈汝翀的反复校对，也离不开立信会计出版社方士华副编审和毕芸芸编辑的专业审改。他们的努力使本书得以如期上市，在此表示感谢。

　　虽然我们已经尽最大努力保障本书内容的准确与完善，但仍可能存在疏漏之处，恳请广大读者提出批评指正与优化建议，以便再版时予以修正。如有问题可与我们联系，欢迎沟通、交流。（邮箱：rhts@whrhkj.com）

关注"仁和会计在线"公众号
获取更多课程和资讯

仁和会计教学研发中心

目 录

01 企业风险与内部控制概述

企业日常经营离不开内部环境和外部环境。如何尽量避免和控制内、外部风险带来的不利影响，已成为现代企业经营的重要课题，而内部控制正逐渐成为企业控制风险的重要手段。

02 销售管理中的风险与内部控制

为了实现销售目标而开展的一系列管理活动，可以统称为销售管理流程。为了保证达到销售目标，需匹配符合企业所在行业特点、规模、管理模式的内部控制活动。

03 | 采购管理中的风险与内部控制

中小企业的财务人员可以通过成本核算的方式切入采购管理过程，并在完成月度结账后采用成本分析法分析成本和费用。通常来说，降低公司的成本需要企业全体人员共同努力。

04 | 存货管理中的风险与内部控制

存货是企业制定采购计划的重要依据，也是企业现金流的重要组成部分。企业往往根据存货的库存量，结合产能，寻求最佳均衡点，预测现金健康水平，找到资金控制节点，从而提高效率和效益。

05 | 固定资产管理中的风险与内部控制

固定资产作为企业开展生产、正常经营的重要基础工具，种类繁多且使用地点分散。对于固定资产管理，企业可采取全方位、全过程、多层次的控制方法，通过沟通、反馈、协助、定期报告等方式进行。

06 | 日常资金管理中的风险与内部控制

资金对企业的重要性不言而喻，如果把企业比作人体，资金就是血液。保证资金在企业各类业务中形成健康的循环并最终沉淀在企业内部，是企业生存的首要任务。

07 | 费用报支管理中的风险与内部控制

费用报支在企业中十分常见，且票据的使用和记账需要符合相关规定，财务人员不能将其简单地理解为从会计原始凭证到记账做表的操作，而是要站在公司管理和业务部门的角度去设计和规划整个费用管理流程。

08 | 合同管理中的风险与内部控制

合同管理本质上是一项经济活动。控制合同拟定、履行等环节中的风险，做到全过程闭环管理，才能取得经济利益，而合同管理与财务管理紧密相关。

09 ｜ 人力资源管理中的风险与内部控制

企业间的竞争归根到底是基于人才的竞争，合理配置与使用人力，提高员工的工作效率是企业经营的重要目标。而人力资源管理不仅是成本费用控制的重要组成部分，也影响着财务管理目标的实现。

01 | 企业风险与内部控制 概述

1.1　企业风险概述

1.1.1　企业风险的概念

企业风险，是指未来的不确定性对企业实现其经营目标的影响，通常被认为是对企业目标产生负面影响的事件发生的可能性。企业风险关注的是可能的损失后果。

在中小企业日常财务工作中，财务人员不必对风险及财税漏洞的相关概念过于纠结，可将企业日常经营管理问题都归为"企业风险"。中小企业日常经营通常都存在"小洞不补，大洞吃苦"的现象，而财务管理工作的意义就在于及时发现企业的问题，清楚症结所在并提出相应的解决方案，有力地支持各项业务的开展。

1.1.2　企业风险的特征

1. 客观性

企业风险是客观存在的，不以人的意志为转移。

2. 主观性

企业风险的主观性主要体现在对待风险事件本身及其可能导致的后果不同层级的人员有不同看法。

例如，销售人员可以收取客户现金，收款后一周内交至财务部门。该事件在销售主管看来可能不是风险，销售人员在收取现金后，只需将收取的客户现金交由财务人员记录并入账即可。但从总经理和财务人员的角度来看，"销售人员收取现金"存在销售人员截留公司款项的风险，因此该行为应尽量避免。可见，客观性事件因为不同人员主观认定的不同，所应用的管理方法也有所不同。

3. 差异性

同一风险事件对企业内各部门的影响存在差异，对不同规模和管理模式的企业的影响也存在差异。

例如，"销售人员可以收取现金"这一风险事件在小微企业中较为常见，因为此类企业主要依靠完成业务来获取利润和资金，该风险事件被管理者认为其带来的收益大于可能的损失，故不会多加关注和控制。小微企业成长为中型企业，在发展过程中若仍按此模式收款，可能会出现销售人员一次收取客户近万元现金的情况。因销售部门主要承担销售业绩指标，回款非其最主要目标，故公司可能采取增加内部检查频次的手段来控制回款时间长的风险，而不采取限制收款方式的手段来控制。但财务部门认为销售人员有机会大量、多次截留本属于公司的款项，因此会建议公司采用"公对公"的收款方式来尽量避免销售人员收取现金这一风险事件的发生。

4. 多元性

企业风险可能带来损失，也可能带来机遇。

例如，合同物资需在合同盖章并签字后发货，而非在收到对方预付款后发货。在销售业务中，一方面，不占用对方资金即可收到我方物资，对我方扩大业务范围有正面作用；另一方面，我方不预收对方款项即发出货物，将承担对方故意赖账的风险。

1.1.3　企业风险的分类

1. 外部风险

企业外部风险主要包括政治风险、经济风险、法律风险、技术风险、自然环境风险、市场风险、产业风险等。

2. 内部风险

企业内部风险主要包括战略风险、操作风险、运营风险、财务风险、人力风险、投资风险、研发风险、资金风险等。

在企业经营和发展过程中，外部风险可能会导致内部风险，此时就需要企业进行综合评估和判断，采取管理措施，将负面影响降至可接受范围内。

1.1.4　企业风险评价

企业风险评价通常采用专家讨论法，即企业管理层、财务人员、经营人员对业务进行商讨，从而得出综合结论。企业风险评价可以通过风险损失公式进行分析计算，即：风险损失 = 概率 × 后果（见图 1-1）。企业可以根据不同的损失结果采取不同的管理方法。

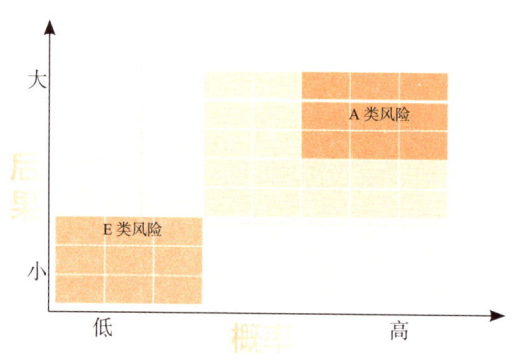

图 1-1　企业风险评价

1. A 类风险

A 类风险的发生概率高，后果严重，一旦发生将对企业造成重大影响。针对该类风险，企业需要积极采取措施规避或控制相关业务（如在企业初创阶段针对不同类型的客户区分授信额度，或控制授信总额），事前需投入资源进行审慎规划或改善组织结构，事中采取强有力的监管措施，一旦发生风险，在事后进行充分的评估和回顾，并及时对企业做出系统性的调整，如尽量避免战略规划频繁变动、核心高管频繁离职或调换，以及短借长投等。

2. E 类风险

E 类风险的发生概率低，后果轻微，其相关业务有：将客户信息填入信息系统、普通员工离职交接、财务月度结账等。该类风险需要企业的业务部门在日常开展业务时加以防范，采取一定的管理措施，例如定期或不定期复核等管理动作。

3. 介于 A 类和 E 类之间的风险

介于 A 类和 E 类之间的风险，其相关业务有：签订大客户销售合同、支付市场费用、选择供应商等。该类风险需要企业在日常经营管理过程中保持一定的警惕性，在各项业务流程中充分评估和判断该类风险。

1.2 内部控制概述

1.2.1 内部控制的概念

内部控制，是指由企业董事会、监事会、经理层和全体员工实施的，旨在实现控制目标的过程，是企业管理风险的基础工具。

内部控制脱胎于会计内部控制。最开始的会计内部控制只强调财务会计本身的记账职责，后来发展到内部牵制，强调账目之间的岗位和部门的不相容分离（即每项业务的处理不能由同一个部门或同一人同时负责执行、授权、批准、记录、检查），现在发展至整个企业层面的管理，范围广而全，包括组织架构的设计、各项事项的核准和决策等，几乎涵盖了企业所有业务流程及日常工作内容，从而形成了内部控制体系。

1.2.2 内部控制的目标

内部控制的目标主要包括：

（1）保证企业经营管理合法合规。

（2）保证企业资产的安全。

（3）保证财务报告及相关信息真实完整。

（4）提高经营效率和效果。

（5）促进企业实现发展战略。

1.2.3　内部控制的要素

1. 内部控制的环境

内部控制的环境包括人力资源政策、企业文化、治理架构搭建、股权设计、组织架构设计等。内部控制的环境是企业执行内部控制的基础。

2. 风险评估

风险评估是指基于目标来识别风险事件可能存在的负面影响。企业通常通过风险评估来识别和判断风险的重要程度以及需要采取的管理措施，进而设计关键且前后关联的业务流程、财务流程等内部控制活动。

3. 控制活动

控制活动是指在公司日常经营管理中，将各类管理活动进行有机结合的方法和手段，是形成体系化制度文件和业务流程的基础。控制活动包括以下内容。

1）不相容职务分离控制

全面系统地分析、梳理业务流程中所涉及的部门和岗位的不相容职务，实施相应的分离措施，形成各司其职、各负其责、相互制约的工作机制。如：财务部门设定出纳人员管钱不管账，会计人员管账不管钱；销售人员通知客户打款至公司的对公账户，出纳人员负责确认到款情况。

2）授权审批控制

（1）合理授权某个岗位的工作范围、权限、程序、责任，权限不宜过大或过小。如：公司授权销售人员负责对外报价和提供折扣，若低于规定价格或折扣的，公司授权销售经理进行审核。

（2）特殊情况下的临时授权，需要考虑授权期限。如：总经理因公外出无法及时审批和选定供应商，可临时授权给采购部门副总经理审批，期限截至总经理外出归来之日。

3）会计系统控制

财务管理是风险管理与内部控制体系中必不可少的环节。实施会计系统控制，需要设置财务机构，配备专业的财务人员，执行国家统一的会计准则制度，加强会计基础工作，明确会计凭证、会计账簿、财务会计报告的处理程序，保证会计资料真实完整。

4）财产保护控制

（1）采用各类设备、手段，严格限制未经授权的人员接触、处置公司重要财产及涉密文件。如：重要的信息系统的服务器需存放在配有温控仪器、消防设备、监控摄像的上锁机房内。

（2）建立并实施财产的定期清查制度，采取财产记录、实物保管、定期盘点、账实核对等措施保证财产安全。如：财务人员应每年至少一次到仓库与仓库管理员盘点仓库内的存货数量，并了解保管情况。

5）预算控制

凡事预则立，不预则废。预算控制需要企业明确各级责任单位，明确预算管理中各岗位的职责权限，规范预算的编制、审定、下达、执行等程序。

6）运营分析控制

运用日常经营数据进行多维度分析，包括分析财务数据，定期开展运营结果的分析和讨论，发现可能存在的问题，及时查明原因并跟进改进。如：财务部门每季度进行应收账款分析，结合已发货数据，分析客户回款与发货金额的占比，从而对销售部门提出催款建议。

7）绩效考评控制

将控制活动与业务流程中的关键环节和成果结合，写入绩效考核要点，并定期考核和客观评价业绩，将考评结果作为确定员工薪酬、职务晋升、评优、降级、调岗、辞退等事项的依据。

4. 信息与沟通

（1）建立沟通渠道，编制统一的表格或文件，保证部门与经营管理层之间、部门之间、部门内部岗位之间的信息收集、传递、沟通有效进行，重要和关键的信息可以及时提交至高级管理层作为决策参考。

（2）定期开展沟通会议来宣传公司的制度和规范，讨论实际与预期产生偏差时的解决方案，准确传达部门间应相互知晓和协调的信息。

5. 监控活动

（1）在业务过程中实施日常监控及检查工作。其包括部门之间日常数据的核对和再加工、财务记账前的复核、业务经营活动的进度监控等。

（2）进行额外的定期或不定期检查。其包括部门自检、多部门联合检查、项目评估、财务审计工作等。

1.2.4　内部控制的方法——流程思维

流程，是指为达到特定的价值目标，由不同的人共同完成的一系列活动。活动之间有严格的先后顺序，且活动的内容、方式、责任等也有明确的安排和界定，以此保证信息能有效传递，提升工作效率。

流程思维即通过指导员工形成"在什么时候、什么地点，以什么样的形式，做什么样的事情，形成什么样的结果，交由什么人"的思考方式，来成功开展业务并取得良好结果。企业管理往往涉及多个部门的业务，日常经营管理需有结构化的管理思维，使用流程思维可以将问题分解、定位到某一环节，从而更好地开展工作。

以销售岗位的"业务财务一体化流程"（见图1-2）为例，销售部门发出销售指令后，仓库发出货物。之后，客户信息和仓库发货信息传递至财务部门，财务人员根据销售流程结果和仓库流程结果记录账务来反映销售业务的实际情况。销售部门、仓储部门和财务部门在此流程中各司其职，保证各个阶段信息的完整性、真实性和准确性，进而提高三个部门的工作效率，达到预期效果。

当运用流程思维分析、解决问题时，需要做到：①学会拆分流程。梳理业务流程，按主要负责部门拆分为销售流程、仓库流程、财务流程来定位问题点，财务工作不能脱离业务单独存在。

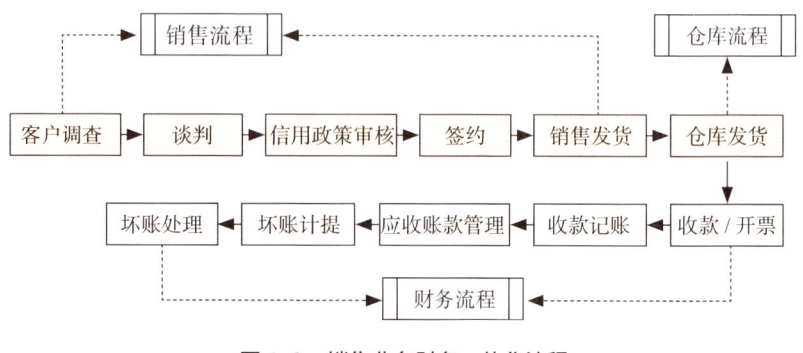

图1-2　销售业务财务一体化流程

②站在下一级流程看问题。一级流程再往下可分为二级流程和三级流程，日常问题多出在二级流程。

例如，合同签约的二级流程是合同的审批和盖章环节，一些销售业务的问题会出现在合同审批环节，如合同文本可能存在漏洞，财务部门却未能参与审核合同文本，导致销售人员无法有效完成交付和收款，或与客户产生纠纷。

1.2.5　内部控制的局限性与认知误区

内部控制不是万能的，它也存在一定的局限性，主要表现在内部控制无法完全防止串通舞弊和人为错误，只能在一定程度上降低其发生的可能性。许多中小企业的管理者或财务人员对内部控制缺乏正确、全面的认知，可能就会进入下列误区。

1. 误区一：有了内部控制，其他管理都可以不要

内部控制是一种基础的管理工具，也是一个极具包容的体系，有了内部控制而放弃其他管理方式，不可取也不切实际。

例如，制造业中常见的 ISO9000 质量管理体系对生产的各方面都有细致化和专业化的要求。若一家生产制造型企业建立了自己的内部控制体系而放弃了 ISO9000 体系，其产品将无法对标国际标准，从而可能导致客户流失。因此，为达到生产质量标准，ISO9000 质量管理体系可视为包含在企业内部控制体系中的生产管理控制活动，其功能不可被企业自身的内部控制体系排除。

2. 误区二：内部控制就是另外建一套内部控制制度

实施内部控制的企业无须另外建设一套全新的内部控制制度。就制度规定而言，内部控制是融合在企业现有制度文件中的。但是，内部控制并不只是制度文件，更是一种管理思维和管理工具。

对于中小企业来说，管理上应做到"实质大于形式"，企业可以没有制度文件，但业务活动和日常管理中需遵循内部控制的原则和控制活动要求。中小企业可以先统一各部门的认知，再逐步形成制度文件加以完善。企业制度必须根据不同发展阶段的特点，逐步更新和完善。

3. 误区三：内部控制只是财务部门的事情

因为内部控制与财务管理的目标高度一致，所以财务部门可作为牵头部门或核心参与部门开展内部控制体系建设和实施内部控制活动。但一套管理体系及其实践，绝不可能仅依靠某一部门就能落实，企业的管理层、各部门、各级人员都需参与建设，才可达到内部控制的目标。

在中小企业的日常财务管理工作中，财务部门肩负着提升企业财务管理能力的重任。财务人员切记不可将内部控制"囫囵吞咽",要以日常财务工作为基础,发现企业业务中存在的关键问题,有的放矢地逐步向总经理或管理层提出财务管理的建议及需要其他部门配合的事项,并加强与各部门的沟通,以此来实施和提升企业整体的财务管理能力,并逐步开展内部控制活动。

02 | 销售管理中的
风险与内部控制

2.1 销售管理风险与业务流程

2.1.1 销售管理中的常见风险

销售管理中的常见风险主要包括：

（1）客户资信调查不到位，可能遭受欺诈。

（2）客户资信评审标准不合理，或未视业务情况定期调整，导致客户授信不合理。

（3）未按照客户授信情况管理应收账款，可能导致公司款项无法收回。

（4）结算方式选择不当，可能导致销售款项难以收回或产生坏账。

（5）销售过程存在舞弊，导致公司遭受损失。

2.1.2   销售的总体业务流程

销售的总体业务流程，如图 2-1 所示。

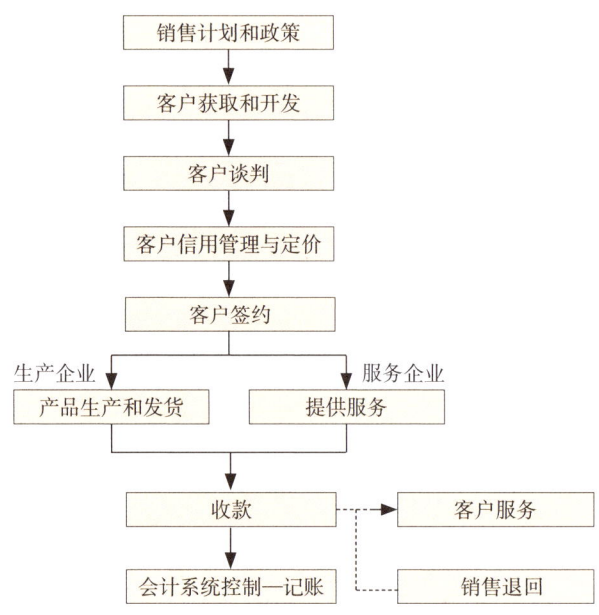

图 2-1   销售的总体业务流程

2.2   销售管理中的核心控制

2.2.1   重要职务分离

销售管理过程中的重要职务分离，如表 2-1 所示。

表 2-1　销售管理重要职务分离

业务	不相容职务 1	不相容职务 2	不相容职务 3
销售预算 / 价格 / 信用 / 活动	申请	审批	监督 / 检查
销售合同	申请	审批	监督 / 检查
销售发货	申请	发货	记账
销售回款	收款	记账	监督 / 检查
坏账	申请	审批	记账
销售退回	申请	质量验收	记账
客户对账	申请	监督 / 检查	—

2.2.2　授权体系

销售管理授权体系可参考"公司销售管控权责表",如表 2-2 所示。

表 2-2　公司销售管控权责表

关键事项	发起部门	输出成果	部门 / 岗位					
			销售部门	财务部门	法务部门	分管副总	总经理	董事长
年度销售计划与预算	销售部门	《年度销售目标与预算》	申请	1		2	3	4
专项销售活动	销售部门	《销售活动方案》	申请	1		2	3	
销售政策制定	销售部门	销售订单 / 合同	折扣≥ 8 折 ▲	1		6 折≤ 折扣< 8 折 ▲	折扣< 6 折 ▲	

（续表）

关键事项	发起部门	输出成果	部门 / 岗位					
			销售部门	财务部门	法务部门	分管副总	总经理	董事长
信用政策制定	销售部门	《信用管理（赊销）政策》	申请	1		2	▲	
客户信用授予	销售部门	客户授信申请单	申请	1		2	▲	
销售合同	销售部门	合同文本 / 销售合同会审单	申请	1	2	3	▲	
应收账款对账结果	财务部门	销售对账单	1	申请		2	▲	
应收账款催账	销售部门	催款函	申请	1	2		▲	
坏账申请	财务部门	坏账申请表	1	申请	2	坏账金额＜50万元▲	50万元≤坏账金额＜100万元▲	坏账金额≥100万元▲

　　符号解释："1/2/3/4"表示申请后的流程顺序；"▲"表示最终批准权。
　　说明：①发起部门为申请部门。②审批顺序：部门内的审批顺序为经办人→部门经理，如从 A 部门转到 B 部门，要经 A 部门经理审批。③发起部门负责组织起草方案并组织文件流转。④表中数字部分为参考值，由企业根据发展现状进行调整。

2.2.3　预算和价格管理的关键控制

1. 销售的预算及日常调整

年度销售目标与销售计划／预算紧密相关，销售目标及预算通常是在总经理下达年度目标后，由销售部门分解年度目标后编制而成，再由财务部门汇总审核后，提交至管理层审议。

财务部门在汇总审核时，要注意销售收入完成与各项销售活动之间的关系。通常销售部门会不甚重视销售利润率，财务部门需从历史账务及其他数据中参考销售活动的利润率达成情况，关注销售费用的增长与销售收入之间的关系。财务部门若发现销售活动总体费用超出销售收入，需及时与销售部门沟通，并在汇总审核时提醒管理层。

在执行过程中，年度销售目标及预算通常会和原计划有偏差，偏差过大时，可能需调整年初制定的目标及预算。预算调整需经过审批（流程参见表2-2中《年度销售目标与预算》的流转步骤），管理层审议通过后将其下发，销售部门执行调整后的《年度销售目标与预算》。

2. 价格制定

产品价格通常由财务部门综合考虑成本因素后，算出底价，给销售部门参考，由销售部门结合市场情况制定对外售价。通常可将价格制定形成价格体系，价格至少可分为以下三种。

（1）底价：成本价格，即最低价格，无利润。

（2）销售底价：上浮成本价格，对外销售的最低价格，折扣最低，利润最少。

（3）对外售价：上浮销售底价，对外销售价格，保证利润率，可在此价格基础上进行折扣活动。

实际销售过程中，销售人员对外报价时，根据不同客户的情况，可能给出高低不一的折扣。可由销售管理部门或总经理授权某一层次的标准折扣，若突破该标准折扣，须逐级审核。

2.2.4　价格执行中的关键控制

1. 基于预算，制定销售价格折扣（返利）政策

中小企业销售价格折扣（返利）政策（简称"销售政策"）通常由销售部门制定［也可能包含在信用管理（赊销）政策内］，经过业务部门负责人或总经理审批后发布，由销售人员执行，财务部门要尽可能定期监控和回顾执行情况。

在执行过程中，销售政策会极大影响利润，财务部门在销售部门制定销售政策的过程中，需提供与利润相关的历史数据，依据年度销售目标、销售计划、目标客户情况，与销售部门共同测算折扣率及其对销售目标的影响。

另外，公司在一段时间内，有且只能有一种销售政策。若销售政策与实际执行偏差过大，财务部门应协同销售部门，对收入达成情况进行分析和预测，及时提醒和协助销售部门尽快更新政策。

2. 对外售价的授权和审批

一般情况下，销售人员只能给予客户对外售价，但在实际销售过程中，销售人员为了获取客户，经常给予价格上的折扣。销售部门负责人若在公司销售政策的基础上，授予销售人员一定的

折扣权限，则财务部门和销售部门相关负责人都需知晓授权给销售人员的最新对外售价，以免影响折扣审批流程及销售收入的达成。

若销售人员要给客户再低一级的价格，则需编制规范和统一的表单，经过销售部门负责人的审批才可报价。若是低于某一特定价格，需总经理审批通过后才可报价。若给客户的价格已经低至成本价，财务部门需加签审核。财务部门在审核时，要审核低价产生的原因，并记录审核台账，台账内容包括时间、客户类型、总价等。财务部门在分析收入时，要分析目前销售成本价执行情况，分析目前低价的原因，并预测该低价对年度销售目标的影响。若销售人员报价长期低至成本价或低于成本价，财务部门需及时形成分析报告，提示销售部门负责人，对外售价的授权和审批是否不再符合最新情况、销售人员是否出现执行偏差等问题。另外，财务部门要提醒销售部门，每年至少需要更新一次销售政策、折扣授权体系和审批流程。

若公司没有折扣授权体系，销售价格需"一价一议"或"一单一议"，建议由财务部门审核该价格是否存在利润，若销售人员报价为成本价，需向销售部门负责人反馈对外售价的利润过低，并询问该价格制定是否出于战略合作或其他因素考虑。若销售部门折扣审批流程不经过财务部门审核，财务部门可建议销售部门登记销售订单或合同台账。财务部门与销售部门负责人沟通，将该台账作为收入管理辅助数据以及每月财务分析指标。台账由财务部门协助销售部门制定格式，在业务成交后由销售部门人员登记。财务部门与销售部门负责人沟通台账提交至财务部门的频次、时间，以及财务部门分析台账后的反馈频次及反馈内容。该台账内容包括但不限于：客户名称、客户类型、产品类型、产品价格、总价、成交时间、负责的销售人员名称、收款形式、发货时间等。

2.2.5　信用管理的关键控制

1. 制定标准的信用管理（赊销）政策

信用管理（赊销）政策的内容较为复杂，中小企业可能有该政策，也可能没有。如有，该政策要包括对外售价的授权和审批流程，具体情况根据企业具体销售管理方法而定。

该政策是根据客户的基本情况给予客户的优惠政策，通常包括价格折扣（易发生舞弊）、较长的应收账款账龄、优先供货、较低的预收款金额等。公司通过设定和辨识不同等级的客户来给予客户相应的政策，一切销售行为都不可脱离该政策。政策内容和审批流程需与对外售价结合，否则给予客户的优惠条件以及流程中的审核内容是不完整的。

财务部门需协助销售部门制定信用管理（赊销）政策。财务部门向销售部门提供销售收入的历史数据，包括客户的回款情况、我方预收款金额和比例、应收账款金额和账龄等数据，为销售部门制定政策作参考。同时，财务部门需提醒销售部门，在制定政策时，注意避免客户的应收账款账龄过长、回款速度和收货确认速度过慢及其他日常合作中可能发生的纠纷。该政策若是由销售部门单独制定，需先由财务部门审核，再经总经理最终审批后发布执行。

2. 客户信用调查

客户的背景调查尤为重要。应收账款管理的源头就在于客户的信用管理（赊销）政策，若授信给不符合政策规定的客户，可能会导致公司的款项回收困难或财货两空。中小企业的财务部门可从应收账款的角度分析并提出实施该项控制活动的建议。

销售人员在接触客户伊始，就应调查客户背景。在合作前期，销售人员对从不同的公开渠道获取的信息进行归集和整理，记录在"客户信用调查表"（参考第 35 页，表 2-3）上，然后提交至销售部门负责人审核，并将信息同步至财务部门和法务部门；财务部门对客户的资产情况、或有债务情况等进行评估，评估同意后，交由公司总经理进行最终审批，审批通过后才能对被调查的客户授信。背景调查通常包括但不限于以下几点：行业资质、企业规模、行业特点、行业知名度、或有法律纠纷、重要财务指标、与我方竞争对手的合作情况等。

评估客户信用调查情况时，相关部门可根据资料对客户打分，并从不同角度提出意见。评估时，财务部门需要关注特殊渠道的客户或特殊合作方式，如战略合作客户或特定行业客户的销售策略等，不能死板审核、一成不变，要保持一定的灵活性以支持业务更好地开展。

财务部门在参与客户信用调查的工作时，需从财务专业角度综合而审慎地考虑，将该项业务或客户可能存在的风险告知销售部门，并与销售部门保持沟通。中小企业的客户资源来之不易，机会可能稍纵即逝，财务部门需要保证在一定时间内完成审核并将审核意见反馈给销售部门。

3. 定期监控执行效果，关注应收账款所受影响

财务部门结合各类台账数据及财务账内的数据，进行应收账款的账龄分析和呆账、坏账分析，分析角度包括但不限于：客户合同、客户类型、客户订单、产品类型、产品价格、审批时效、发货数量、发货时间、回款时间、回款金额等。财务分析结束后须形成报告文件，将销售中的信用管理（赊销）政策的执行效果定期汇报至销售部门负责人及管理层，并就可能出现的应收账款逾期导致的呆账或坏账风险进行提醒。

4. 提醒销售部门每年至少定期更新一次政策

市场变化很快，相关销售政策和信用政策不可能一成不变或长时间持续沿用。为顺利完成销售目标，提升管理效益，公司的销售和信用管理（赊销）政策应每年至少更新一次。政策由销售部门更新，更新后的文件仍需得到销售部门负责人和相关部门的审核，再经总经理审批后方可下发执行，同时公司应将审批通过后的政策告知相关业务部门。

注意： 价格的相关信息为公司保密信息，发布政策时，通知范围应受控，仅限涉及业务的几个部门。同时，财务部门对销售收入、价格定期分析的资料及账务信息也应作为保密信息列入受控范围。

案例 2-1 信用管理（赊销）政策不完善导致应收账款无法收回

甲公司是一家对外贸易公司，2018 年营业收入为 200 万元，2019 年营业收入为 400 万元，2020 年计划销售目标为 700 万元，新拓展 30 家客户。2019 年年底，销售部门主导制定了信用管理（赊销）政策，经销售经理同意后即发送销售人员执行。该政策定义 A 类客户为"所在行业内排名前十，资产 500 万元以上，员工 100 名以上，无法律纠纷"，授予 A 类客户"零预收、最优先级发货、应收账款账龄 120 天"的政策。

2020 年年中，甲公司有 15 家客户不续约，并且有超过 120 天的应收账款共计 200 万元，有较大的无法收回的风险。

💡 分析

本案例中，甲公司在快速发展的同时，销售部门为了满足销售目标，主导制定了信用管理（赊销）政策，却未经过集体审议，部分条款未考虑业务实际情况和风险因素，导致应收账款无法收回。

公司的信用管理（赊销）政策需提交至财务部门审核，财务部门根据客户历史应收账款账龄、坏账、利润率、成本费用等因素汇总分析后提出建议，提交至销售部门负责人、总经理，由其再次审核条款是否符合业务和合作客户实际情况后，再签批执行，而不是仅由销售部门认定后即执行。

案例 2-2　某企业如此这般进行销售管理

AZ 公司是一家汽车零配件公司，其销售业务中的内部控制为：

（1）设立销售部门，处理订单、签订合同、执行销售政策和信用管理（赊销）政策。销售部门的张经理有权批准 50 万元以内的赊销业务，并有权根据具体情况制定具体产品的售价。

（2）大宗对外销售的订单交由业务人员小王负责，小王与客户谈判并直接签订合同。

（3）没有签订合同的客户若需要提货，由财务部门收款后开具提货单和发票，客户至仓库自行提货。

（4）货到付款的业务由业务人员小李负责，小李收取客户的现金和支票，并将现金和支票转交财务部门。

某月，发生了两件事，让张经理如坐针毡：

（1）6个月前，张经理因对某一老客户有良好的合作印象，便批准向该客户赊销40万元的货物，但直到这个月仍未收到货款。财务部门经过调查和证实，发现该客户的财务状况持续恶化，累计已有数笔货款未能如期支付。

（2）另一新客户要求签订两年期的供货合同，在这两年中，该客户要求 AZ 公司每月月末按市场价格提供80万元的货物，但支付条件为"在下次供货时支付上次货物款项"。由于销售政策和信用管理（赊销）政策中没有此种情况，张经理特意向总经理请示，总经理当即授意张经理签署合同。至本月，该客户未能还款，经过财务部门调查，该客户早已跑路。

分析

本案例中的问题较多，且这些问题在中小企业中较为常见，管理措施大多凭借管理者的主观认知而决定。

首先，AZ 公司虽然根据销售管理流程，针对对接客户、发货、收款等业务流程分别设定了销售部门和财务部门的管理职责，但显然有违不相容职务分离原则和授权审批原则：

（1）销售部门经理"有权根据具体情况制定具体产品的售价"显然权限过大。客户的定价无人审批，可能导致定价不合理。建议总经理将授权给销售经理的价格权限限制在一定的折扣范围内，而非全部交由销售经理判断。

（2）"大宗对外销售的订单交由业务人员小王负责，小王与客户谈判并直接签订合同"，从这里可以看出，公司没有将合同申请与合同审批的不相容职务分离，可能导致合同条款对公司不利。建议销售合同由销售业务人员拟定后，提交至销售经理审核，再由财务部门和法务部门审核，总经理最终审批后，对销售合同予以正式签字盖章。

（3）"由财务部门收款后开具提货单和发票，客户至仓库自行提货"，这也是不相容职务未能分离的表现。财务部门一般只负责确认收款情况和处理账务。财务人员可根据提货单确认款项到账的信息后，在提货单上签字，再转交销售部门给客户提货。若是财务部门开具提货单，不仅可能导致发货信息有遗漏或偏差，还可能导致在收款金额错误的情况下，客户依然能够完成提货。

（4）"小李收取客户的现金或支票，并将现金和支票转交财务部门"，这同样也是不相容职务未能分离的情况。若销售人员收取客户的现金或支票，再转交财务部门，销售人员可能会截留款项。建议财务部门与销售部门沟通，要求客户尽量直接汇款至公司的对公账户，同时尽量避免客户支付现金或支票，减少销售人员接触现金或支票的可能性。若无法避免销售人员收取现金或支票，财务部门需与销售部门商讨，在业务伊始就将收款方式告知财务部门，财务部门在业务过程中对该笔业务的收款进行监控。

其次，从张经理担忧的两件事情的发生经过来看，公司的销售政策和信用管理（赊销）政策只是"纸上谈兵"。在决定是否赊销时，销售经理不能因为是老客户就忽略对客户信用情况的调查，因为仅凭个人印象无法作出正确决策。建议公司对信用管理（赊销）政策的流程加以改进，由多个部门对客户的信用状况进行调查和评估。在发生超出现有销售政策规定范围的特殊业务时，同样需要多个部门作出专业评估，总经理在结合多方建议和调查结果后，再作出最终决策。

2.2.6　销售合同的关键控制

中小企业的财务部门应审核所有业务合同，一是因为款项笔数不多，处理得过来；二是因为财务部门具备其他部门不具备的财税专业知识，可以从账务角度、现金角度、税务角度提供专业的建议和预警。这里需要形成的正确观念是，财务部门参与审核不是为了卡业务、降低效率，而是为了支持、协助业务部门顺利开展业务。

销售人员申请合同签约，需填制"销售合同会审单"（参考第38页，表2-4），财务部门审核时要注意以下要点：从钱、税、账的角度，审核合同文本中的业务逻辑性、对方收货的方式和时间及其他条件、收款账号、预收款比例、返利条款中的金额和比例、涉税条款（税率、含税价、发票种类等）、合同审批痕迹等是否符合公司的规定和要求，同时分析拟合作客户现有应收账款账龄及余额等，并针对上述内容对合同文本提出修改建议。若存在相关疑问或建议，财务部门需及时将审核意见汇总反映给销售人员和相关负责人。

2.2.7　发货的关键控制

1. 向仓库传递指令

销售人员填制出库申请单或相关文件（最好是连续编号），向仓库发出发货指令。仓库保留复印件或相关附件表单的痕迹备查，销售发货单、出库申请单的形式，电子邮件、纸质表单皆可。仓库管理员接到该发货申请后，按照现有库存量发货出库。

2. 进行发货登记并传递至财务部门记账

仓库实际发货出库后，需在库房台账上记录发货流水，并完整保留相关单据作为支持性证明，留存附件以备后查。

销售合同→发货单→仓库管理员出库记录→外部物流方送货单→客户收货单，这几方证据链文件需完整，且每单都要有签字或审批痕迹，时间、数量、产品信息须互相勾稽，单单一致。每发生一笔业务，财务部门以这些符合记账规范的单据记账联记账、进行账务处理，并在凭证后附记账联，每月归档整理；若财务部门在每月账务处理时发现任何问题，需及时与业务部门沟通，找出具体原因，并要求相关人员按财务部门的要求正确记录发货信息和传递相关表单。

2.2.8　票据管理的关键控制

在中小企业中，可能由销售人员申请开票，也可能由财务部门申请开票。

（1）销售人员申请开票的：销售人员填制开票申请单提交至财务部门审核，财务部门核对客户抬头、已签订的合同金额、客户确认收货金额、合同文本中票据的相关条款等，并检查货物发货记录与销售开票申请是否一致，若不一致需与销售人员沟通，要求其正确填写，若有特殊情况，须提供经过销售部门负责人审批的详细说明。

（2）财务部门申请开票的：按已签订的合同文本中票据的相关条款、发货记录等进行开票，开票申请单须经过财务部门上级复核。

开票后，财务人员将开票信息记录于财务台账或交销售部门记录，该开票信息可合并记录在合同管理台账中，该台账信息同样可作为财务人员分析销售收入的管理数据。

开票时要注意防范税务风险。财务部门在开具发票时，各方面操作须符合行业增值税条例及规定，若发现发票可能虚开、不开或其他高风险情况，须与销售部门负责人和总经理进行了解和沟通，及时提醒可能存在的税务风险并提出管理建议。建议使用数据分析手段定期分析，关注与客户确认收货或我方已发货相关的已开票和未开票情况，并关注税率及税金情况。

2.2.9　销售退货的关键控制

1. 退货须由客户发起

因为退货易发生舞弊，如销售人员截留货物私卖、虚假销售行为（销售人员为冲业绩指标先销后退）等，所以销售退货至少要有客户填写的"退换货申请单"（参考第39页，表2-5），保留发起退货的书面申请痕迹，由其他业务部门如客服部门、仓储部门、质量部门接收货物。

2. 退货须验收、记录再核准退货

退货须设置流程：销售人员或客服人员接到客户的退货申请后，要详细了解客户需求，确实达到产品退货标准后，发起内部申请，详细说明退货情况。退货到货后，质量部门根据退货申请对客户所退货物进行质量验证，达到退货标准后方可入库，入库流程参照物资入库流程。质量部门的验收必须留下验证记录和客户退货申请记录，入库时，保留附件并记录于库房台账以备后查，同时销售人员或客服人员采取补发、价格折扣或其他方式补偿和挽留客户，对客户的补偿方式要经过销售部门负责人或客服部门负责人批准。

销售、生产、客服、质量等相关部门定期对客户的退货原因和产品质量进行分析，及时采取措施，减少客户退货频次。

3. 传递信息至财务部门，由财务部门记账

退货信息流程及信息传递：客户申请退货→质量部门验收并核准→仓储部门入库→财务部门记账。流程中每张单据信息须勾稽一致。

财务部门每月定期核对退货申请、验收单、入库单、原始客户订单、原有收入记账凭证并进行账务处理，结账前完成当月退换货的账务处理。

2.2.10　应收账款账务管理的关键控制

1. 按标准格式表单记账

财务部门切忌虚列收入相关科目，所有记账科目都要按销售业

务流程中经核准的单据和发票进行记录。应收账款的总账和明细账（销售管理台账）应由不同职员分别登记。记账后，财务部门分析科目余额变动情况，若发生较大波动，要在结账前找出波动原因，并复核当月销售收入相关数据的收集和处理，检查其是否完整。

2. 账务调整须经批准

应收账款的各种贷项调整，包括坏账冲销、折扣或折让的给予等，必须经财务部门负责人批准才能进行；若因业务失误，包括搞错发货、开错发票、错误退货等，导致已结账的账务要调整，调整前也需要财务部门负责人的审批确认。

3. 分析应收账款的账龄

财务部门定期分析应收账款的账龄，并根据公司情况形成"应收账款账龄分析表"（参考第40页，表2-6），根据重要性原则结合管理台账进行分析，按时间、客户、合同应收金额、回款金额、赊销情况、价格、开票情况等维度排序，汇报至财务部门负责人、销售部门负责人、总经理，并提醒管理层，公司整体应收账款及客户应收账款中可能存在的呆账或坏账风险。

回款速度非常重要，其直接影响企业现金流的健康。财务部门需与销售部门沟通，将超过某一时间段应收而未收的金额标记为风险金额，财务部门在分析账龄时应对其进行重点分析和汇报。

注意：财务部门若只是分析财务账面应收账款的数字，意义不大，至少要深入辅助明细的相关数据来分析实际业务情况。财务部门交给销售部门负责人和总经理的报告应尽量避免过多的财务专业术语，内容应贴合销售业务，且给予的管理建议应具有指导性，符合目前销售人员对客户的管理情况。另外，基于该报告，财务部门应与销售部门负责人和总经理讨论针对客户应收账款管理的改进方案。

4. 与客户定期对账

财务部门根据应收账款的明细账户定期编制"应收账款余额核对表",并将该表单寄至客户的财务部门,与其对账,对账结果经对方盖章、签字后,再寄回至我方财务部门。

若结果有差异,财务部门需协助销售部门与客户寻找差异,并详细说明差异原因。该差异情况需报至销售部门负责人及财务部门负责人。

5. 计提坏账

从应收账款计提坏账,无论是财务部门还是销售部门提出,依据坏账计提的标准,在财务部门处理前,都要编制"坏账申请单"(参考第41页,表2-7)来申请账务处理,并且经过销售部门负责人和财务部门负责人的审批,财务部门才可进行账务处理。坏账达到一定金额以上,还要由总经理审批。采用这样的流程,首先是因为还有可能追回客户款项,需要提醒销售部门负责人和总经理对该客户采取更严格的催款方式;其次是为了提醒销售部门负责人和总经理,销售业务已经产生了损失,要尽快分析原因并尽量避免再次发生坏账。

案例 2-3 销售人员冲业绩导致应收账款金额大

某集团总公司是一家对外贸易公司,主要向国内外销售小商品。2016年年底,总经理看经营业绩还行,为了进一步提高销量,便提出了新的销售奖励政策:只要销售人员能够卖出商品,提成翻倍，再发季度奖金。销售部门像打了鸡血一样，开始疯狂找寻国内外相关行业的客户。至年终，公司销量明显上升，每位销售人员都拿到了丰厚的提成和奖金，个个喜笑颜开。

公司 2017 年未经审计的财务报表（不考虑税率、利率和工资）和应收账款账龄分析表的摘要如下。

资产负债表		
编制单位：某集团总公司	2017 年 12 月 31 日	单位：元
资　　产	期末余额	期初余额
流动资产：		
货币资金	6 000 000.00	5 000 000.00
短期投资	—	—
应收票据	950 000.00	—
应收股利	—	—
应收利息	—	—
应收账款	1 350 000.00	400 000.00
其他应收款	—	—
预付账款	—	—
应收补贴款	—	—
存货	750 000.00	500 000.00
待摊费用	—	—
一年内到期的长期债券投资	—	—
其他流动资产	—	—
流动资产合计	9 050 000.00	5 900 000.00

现金流量表	
编制单位：某集团总部公司　　　　2017 年	单位：元
项　　目	本期发生额
经营活动产生的现金流量：	
销售商品、提供劳务收到的现金	405 000.00
收到的其他与经营活动有关的现金	242 989.95
经营活动现金流入小计	647 989.95
购买商品、接受劳务支付的现金	1 020 000.00
支付的其他与经营活动有关的现金	627 989.95
经营活动现金流出小计	1 647 989.95
经营活动产生的现金流量净额	−1 000 000.00

应收账款账龄分析表				
2017 年 12 月 31 日				
客户名称	账期	是否开票	合同金额（元）	占比
A 公司	110 天	是	700 000	30%
B 公司	100 天	是	500 000	22%
C 公司	100 天	是	500 000	22%
D 公司	120 天	是	200 000	9%
合计	—	—	1 900 000	83%

💡 分析

从资产负债表看，2017 年年底的数据的确比 2016 年看起来好了不少，但要注意的是，"流动资产合计"的结果主要是由"应收票据""应收账款"的合计数贡献的，而这两个科目指的是已经发生销售但暂未收到的款项，说明外账大部分没有收回来。再结合现金流量表，这两个科目影响了 2017 年"经营活动产生的现金流量净额"，致使其结果为负 100 万元。再看应收账款账龄分析表（2017 年 12 月 31 日），其中账龄超过 100 天的账款金额占比达到 83%。应收账款占用了资金流，有较大风险，根据会计准则，应计提坏账。

以上数据还未计入给销售人员的高额提成和奖金，而现金流量表上的净额已经是负数了，该公司应将应收账款尽快收回，否则资金流断裂，公司可能倒闭。

究其原因，公司颁布的政策是只要"销量"，而有两个关键点未能考虑到：① 未能重视前期针对客户的信用管理（赊销）政策中的合理授予原则；② 只为了完成销量而没有考虑其他后果，销售提成未与回款进行绑定。所以说，在企业发展过程中，如果忽视了销售管理中关键的内部控制，将会造成极大隐患。

2.3　常用工具表单

2.3.1　客户信用调查表

表 2-3　客户信用调查表

客户信用调查表			
一、基本信息			
企业中文名称		股东 1（按持股比例填写）	
企业英文名称		股东 2	
法定代表人 / 固话及手机		股东 3	
注册资本		采购部门负责人 /固话及手机	
成立日期			
企业类型		财务部门负责人 /固话及手机	
经济性质			
统一社会信用代码		企业地址	
行业分类 / 经营范围			
二、业务信息			
主营业务及产品			
行业地位			
主要竞争对手			

（续表）

资质及资格	
专利技术	
非专利技术	
商标权	
三、财务信息	
资产总额	
负债总额	
净资产	
资产负债率	
营业收入	
毛利率	
利润总额	
税费	
基本户银行对账单收款	
一般户银行对账单收款	
对外担保余额	

（续表）

四、经营异常信息	
工商异常	（可在"天眼查""企查查""国家企业信用信息公示系统"查询）
税务异常	（可在税务局网站查询）
诉讼异常	（可在"中国裁判文书网""天眼查""企查查"查询）

五、是否接受该新客户订货：□ 接受　　□ 不接受

六、拟给予的信用政策：□ 20 万元 15 天　□ 10 万元 15 天　□ 5 万元 15 天

七、审批意见

序号	审批部门 /岗位	审批意见	审核人	日期
1	销售部门			
2	法务部门			
3	财务部门			
4	总经理			

附件：（1）统一社会信用代码证、验资报告复印件；（2）资质及资格证书复印件；（3）专利、商标证书复印件；（4）主营业务及产品说明；（5）近三年审计报告、纳税证明、银行对账单、银行存款日记账复印件；（6）最近日期的企业信用报告复印件；（7）经营异常证据；（8）附法定代表人、采购部门负责人、财务部门负责人身份证复印件；（9）实地照片（包括相关人员合影、生产经营场地照片等）。

2.3.2　销售合同会审单

表 2-4　销售合同会审单

销售合同会审单　　　合同编号：					
申请人		申请部门		申请时间	
事由：					
合同主要信息如下（后附合同初稿）：					
1. 客户名称：					
2. 品名、规格、价格条款					
品名	规格		数量	含税单价	含税总价
合 计					
3. 合同主要条款：					
审批栏					
序号	审批部门/岗位	审批意见		审核人	日期
1	质量部门				
2	财务部门				
3	法务部门				
4	分管副总				
5	总经理				
附件：（1）客户订货单；（2）客户基本情况调查表；（3）销售合同。					

2.3.3 退换货申请单

表 2-5 退换货申请单

退换货申请单							
客户名称		联系方式			客户签字 / 盖章		
合同 / 订单编号		销售发货单编号					
序号	品名	规格	数量	生产日期	发货日期	交易金额	退换原因
备注（其他情况 / 客户额外要求等）：							
审批栏							
序号	审批部门 / 岗位	审批意见		审核人		日期	
1	经办客服						
2	销售部门						
3	质量部门						
4	仓储部门						

注：（1）本单一式五联：第一联销售部门联，第二联质量部门联，第三联客服部门联，第四联仓储部门联，第五联财务部门联；（2）单据后附质量部门出具的验收报告，走正常入库流程；（3）若质量部门不同意，则返回经办人并与客户协商。

2.3.4 应收账款账龄分析表

表 2-6 应收账款账龄分析表

应收账款账龄分析表

编制单位：   年   月   日   金额单位：万元

序号	客户名称	地区	年末余额	年末账龄						合计	超过信用期（月）	形成原因及采取的追讨措施
				3个月内	3～6个月	6～12个月	1～2年	2～3年	3年以上			
合 计												

编制人   复核人

2.3.5　坏账申请单

表 2-7　坏账申请单

坏账申请单						
客户名称				客户代码		
申请人				申请日期		
签订合同编号	订单号	开票日期	发票号码	发票金额	欠款金额	申请坏账的原因
合计		—				—
备注：						
审批栏						
序号	审批部门/岗位	审批意见			审批人	审批日期
1	销售部门					
2	财务部门					
3	法务部门					
4	分管副总					
5	总经理					

注：(1) 此表一式两份，一份由财务部门整理归档，另一份由财务部门作为原始凭证入账；(2) 申请人向财务部门索取此表，由财务部门给定编码并登记，以供追踪。

03 | 采购管理中的
风险与内部控制

3.1　采购管理风险与业务流程

3.1.1　采购管理中的常见风险

采购管理中的常见风险主要包括：

（1）采购计划安排不合理或市场变化预测不准确，造成库存短缺或积压，导致企业生产停滞或资源浪费。

（2）供应商选择不当，出现舞弊行为或使公司遭受欺诈。

（3）采购方法或采购机制不科学，存在质次价高的情况。

（4）物资验收不规范或付款审核不严格，造成物资、资金或信用受损。

3.1.2 采购的总体业务流程

采购的总体业务流程，如图 3-1 所示。

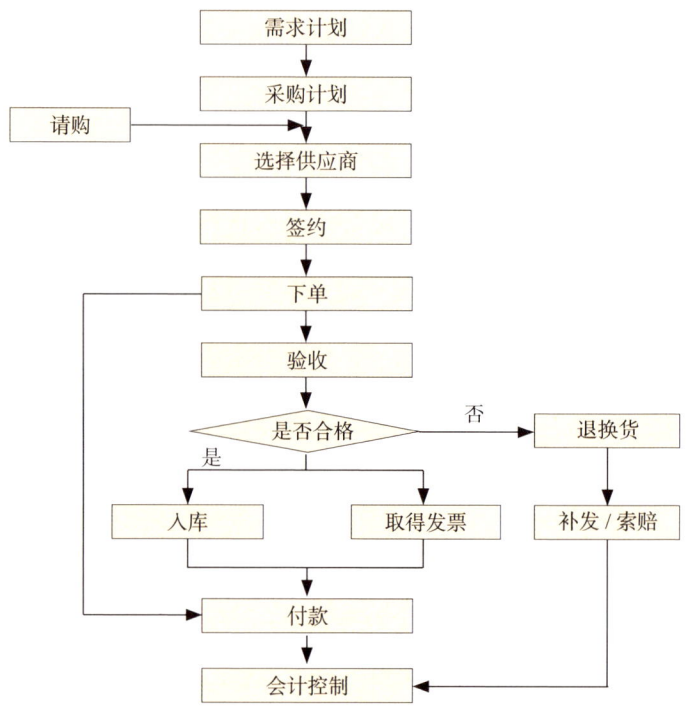

图 3-1 采购的总体业务流程

3.2 采购管理中的核心控制

3.2.1 重要职务分离

采购管理过程中的重要职务分离，如表 3-1 所示。

表 3-1　采购管理重要职务分离

业务	不相容职务 1	不相容职务 2	不相容职务 3	不相容职务 4
采购计划 / 预算	申请	审批	监督 / 检查	—
采购申请	申请	审批	—	
供应商评估 / 选择	申请	审核	审批 / 选择	
价格评估	申请	审核	审批 / 确定	
采购合同	申请	审核	盖章 / 签字	
采购验收 / 入库	验收	入库	记账	—
付款	申请	审核	支付	记账
采购退回	申请	退回	记录 / 记账	—

3.2.2　授权体系

采购管理的授权体系可参考"公司采购管控权责表",如表 3-2 所示。

表 3-2　公司采购管控权责表

关键事项	发起部门	输出成果	部门 / 岗位					
			采购部门	财务部门	法务部门	分管副总	总经理	董事长
供应商管理								
原材料 / 固定资产类供应商资质评估	采购部门	供应商基本资料评审表 /《供应商考察报告》	申请	1	2	3	▲	

（续表）

关键事项	发起部门	输出成果	部门 / 岗位					
			采购部门	财务部门	法务部门	分管副总	总经理	董事长
战略性框架类供应商资质评估	采购部门	供应商基本资料评审表 /《供应商考察报告》	申请	1	2	3	4	▲
原材料 / 固定资产类供应商年度评估	采购部门	供应商年度评估表	申请	1		2	▲	
采购过程管理								
年度采购计划和预算编制	采购部门	《年度采购计划和预算》	申请	1		2	3	▲
单笔金额＜ 10 万元	需求部门	请购单	1	2		▲		
10 万元≤单笔金额＜ 30 万元	需求部门	请购单	1	2		3	▲	
单笔金额≥ 30 万元	需求部门	请购单	1	2		3	4	▲
战略性框架采购	采购部门 / 需求部门	请购单	申请	1		2	3	▲
采购合同管理								
单笔金额＜ 10 万元	采购部门	采购合同 / 协议	申请	1	2	▲		
10 万元≤单笔金额＜ 30 万元	采购部门	采购合同 / 协议	申请	1	2	3	▲	

（续表）

关键事项	发起部门	输出成果	部门 / 岗位					
			采购部门	财务部门	法务部门	分管副总	总经理	董事长
单笔金额≥30 万元	采购部门	采购合同 / 协议	申请	1	2	3	4	▲
战略性合作协议 / 合同	采购部门	采购合同 / 协议	申请	1	2	3	4	▲
付款管理								
单笔金额＜10 万元	采购部门	付款申请单、发票	申请	1		▲		
10 万元≤单笔金额＜30 万元	采购部门	付款申请单、发票	申请	1		2	▲	
单笔金额≥30 万元	采购部门	付款申请单、发票	申请	1		2	3	▲
应付款对账	财务部门	供应商对账单	1	申请		▲		

符号解释："1/2/3/4"表示申请后的流程顺序；"▲"表示最终批准权。

说明：①发起部门为申请部门。②审批顺序：部门内的审批顺序为经办人→部门经理，如从 A 部门转到 B 部门，要经 A 部门经理审批。③发起部门负责组织起草方案并组织文件流转。④表中数字部分为参考值，由企业根据发展现状进行调整。

3.2.3　合理分类物资的关键控制

1. 控制重大采购事项的审核，实现有效监督

中小企业根据其行业特点和产品特点，通常可能会设置采

购岗位或采购部门来管理公司的采购业务。财务部门基于财务账表科目的分类和定义，与采购部门商讨如何分类和定义公司的重大金额采购事项，如大宗原材料、批量零配件、批量辅材、高单价的固定资产、系统服务等，同时商讨采购该类物资的申请审核流程，避免发生绕过管理层审批或无人审核的情况。

注意：若财务部门不知晓公司采购何种物资，将会对财务记账造成一定的影响，虽说不影响付款程序，但会计人员看到一笔款项时会无从判断，导致记账混乱或工作效率低下。

2. 避免过度控制不重要的采购事项，以提高采购效率

办公用品、零星维修物品等与生产没有直接关系的辅助类物资或行政类物资，需与重大金额采购事项进行区分，相应的审核流程在保证合理的前提下可适当简化，以提高采购效率。

3.2.4   采购计划和预算的关键控制

公司需设置采购业务归口管理部门，通常为独立的采购部门。采购部门在全面考虑公司生产目标、产量、各部门需求、供应商的供货量和现有库存的基础上，编制年度采购计划和预算。年度采购计划和预算提交管理层审批，通过后下发执行。针对预算外的采购事项，需由更高级别的负责人进行审批或按例外事项进行审批。

财务部门要协助生产部门、采购部门和销售部门实现"以销定产"和"产销结合"，在对外部市场和内部产量进行充分分析和预估的基础上，确定安全库存量和采购预算，提前预测现金流情况，并汇报至总经理处作为其决策的参考依据。

3.2.5　采购请购的关键控制

业务部门执行采购计划时，申请需符合经营需要，且请购需求要包括在年度采购计划和预算中。请购申请和审批需填制"原材料请购单"（参考第 65 页，表 3-3）并遵守流程，统一提交至采购部门审核，并逐级审批，如辅材请购需遵守以下流程：生产部门→采购部门→仓储部门→财务部门→总经理。

可将请购权分别授予管理各类物资及服务的多个业务部门，如管理原材料相关物资的仓储部门、管理固定资产的资产管理部门、管理办公用品的行政部门等。

案例 3-1　存货成为压垮骆驼的最后一根稻草

乙公司是某省电视机核心部件的制造公司，其年收入逐年增加，截至今年，收入已逾 5 亿元，在省内是有名的纳税大户，连续两年受到省内财税相关部门的表扬，被评定为"规范企业"。

两年后，乙公司的一家供应商向法院状告乙公司逾期欠款，金额已达 3 000 万元，而后又有几家供应商陆续向法院提起诉讼。法院经过取证发现，乙公司已经连续两年处于亏损状态，一年前资金链就已断裂，资不抵债。实际控制人董某在三年前已定居国外，总经理职位由其妻子李某担任，整个公司由她一手打理。

在乙公司仓库，调查人员发现产成品堆得严严实实、密不透风，原材料也大量堆积。清点这些资产时，调查人员发现它们都是两年前的产品，在现有市场中已经不值钱。对此，李某解释道，公司在市场风口期扩大了产量，但之后的销量一直没有达到既定目标——销售渠道受到竞品挤压，新渠道也迟迟无法开拓，无奈只能将产品低价倾销，但后来市场上的新产品逐渐取代了旧产品。最终，因多起诉状在身，曾经风光无限的乙公司只能破产清算。

 分析

　　首先，乙公司对市场预期过于乐观，盲目追求产量，从而采购了大量原材料，在采购端占用了大量资金；其次，公司未能考虑到科技发展带来的风险，销售策略不灵活，导致库存商品无法顺利周转，销量目标无法达成，没有回款，资金最终变成了卖不出去的产品，全部"烂"在了手里。

　　市场风险和客户需求不容忽视，在不是卖方市场（即卖方100%处于强势地位，有极强的定价权）的时候只抓生产量而忽视市场变化，将导致极大的资金浪费。建议乙公司"以销定产"，由市场部门或销售部门收集市场信息，了解市场动向和客户需求的转变，在此基础上制定年度采购计划；在充分了解市场动向和客户需求的基础上，转变销售策略，一部分资金应用来开拓新渠道、升级产品质量；同时，开发新的供应商，获得更优惠的采购价格来降低成本。企业的战略和各类业务的策略应随着市场情况不断调整，而非一成不变。

案例 3-2 "精简"的采购流程

JX 公司是一家劳动密集型的中型零配件加工企业，主要为中央空调的铜管进行二次加工，其主要客户是国内外近 50 家空调制造商和其他相关厂家。该企业的材料采购流程如下。

加工车间主管根据客户的加工需求单，填制一式三联的订购单，向供货方订购原料，第一联交给供货方，第二联由加工车间留存，第三联交给质量部门。

收到供货方提供的原料后，质量部门验收。质量部门确认产品质量达标、数量正确后，与收到的发票进行核对，核对无误后由质量部门负责人在订单上签字，并将签字后的订单连同发票提交至财务部门。

财务部门指定成本核算会计人员登记采购原料业务，成本核算会计人员依据质量部门提供的签字后的订单和发票填制付款凭证并登记后，将订单、发票和付款凭证交财务部门出纳人员付款。

原料经验收合格后，由质量部门通知加工车间，将原料运送至加工车间的材料存放地点，车间材料管理员登记原料库存账，并根据各加工线所需运送原料。

有时候原料由质量部门运送至加工车间时，车间的材料存放地放不下，会将原料存放到仓库内，车间材料管理员视情况从仓库调取原料。

 **分析**

首先，该企业的采购管理比较混乱，虽是为了提高效率，却会导致各种问题。这些在处理业务过程中产生的问题将使财务人员在成本核算上遇到极大的困难，同时造成财务管理无从下手的局面。下面我们来逐个分析。

"加工车间主管根据客户的加工需求单，填制一式三联的订购单，向供货方订购原料"：此处原料的订购流程不合理。加工车间主管未考虑库存数量，在订购时未经审批，且违反了内部控制中的授权审批原则，采购的数量可能不合理。采购业务完全取决于加工车间，因为只有加工车间知晓采购数量和规格，可能导致高价采购或暗中收受回扣等舞弊行为。建议加工车间填制加工需求单（即请购单），提交至采购部门进行审核，仓库复核，无误后提交至上级领导（如厂长或生产处主任）审批，采购部门将审批通过后的加工需求单交至供货方发货。

"收到供货方提供的原料后，质量部门验收。质量部门确认产品质量达标、数量正确后，与收到的发票进行核对，核对无误后由质量部门负责人在订单上签字，并将签字后的订单连同发票提交至财务部门"：看似采购货物要经过质量部门独立验收，但质量部门以签字形式替代验收报告或单据，并不能够证明采购的原料符合公司要求。且该原料只由一个部门验收，验收质量取决于质量部门的判断，可能既不充分也不全面。建议质量部门根据公司的加工需求单填制规范的原料质检报告或单据，与需求部门、采购部门共同对采购的原料进行验收，验收无误后，上述三个部门共同在报告或单据上签字。报告或单据一式三联，一联交至采购部门，一联交由仓储部门保管，一联交给质量部门存档。

"成本核算会计人员依据质量部门提供的签字后的订单和发票填制付款凭证并登记后，将订单、发票和付款凭证交财务部门出纳人员付款"：成本核算会计人员仅凭收到的发票和签字的订单即申请付款，没有验证采购物资的实际到货情况。建议原料采购的付款申请必须由采购部门发起，并由采购部门提供填制规范的付款申请单且后附相关的加工需求单、验收报告、入库登记单等支持性文件，财务人员审核无误后，交至厂长或总经理审批，审批通过后交财务部门的出纳人员付款。

另外，原料不经流程直接出库，加上物资存放地并不统一等问题，给财务人员的成本核算工作带来极大的困难。财务人员在核算成本时通常采用移动加权法或先进先出法，核算的基础是原料的出入库手续完备。建议公司采购的原料在通过验收后，统一存放至仓库指定处由仓库管理员看管，入库前仓库管理员要填制入库单，确认仓库收到原料。入库单一式三联，一联交至质量部门，一联交至财务部门用来核算入库数据，一联交由仓储部门存档。

综上可见，加工车间的管理员在生产线上看管原料的做法也不妥当。生产线上极其忙碌且人员进出频繁，原料几乎是开放式保管，可能导致无故丢失或损坏。建议原料入仓库，仓库依据加工车间的物资需求填制出库单，经车间主管审批通过后，加工车间从仓库领用原料。出库单一式三联，一联交至加工车间，一联交至财务部门，一联交由仓储部门存档。这样做不仅安全，而且手续完备，为财务人员核算成本提供了原料出库的数据。

最后，仓库应被视为公司原料进出的中转站和采购数据的统计中心，肩负着物资保管和出入库的责任，对物资采购起着辅助支持作用。中小企业对仓库未必重视，但财务人员核算原料成本必须借由清晰且准确的原料进出数据，在这些数据的基础上，财务部门才能发挥财务管理的作用。

3.2.6　供应商管理的关键控制

1. 选择供应商的方式：询价、比价和招标

在采购管理中，选择合适的供应商尤为重要。一方面，供应商提供的物资质量须符合企业生产经营需求，且价格也要在企业能够负担的范围内；另一方面，努力与供应商达成长期合作，不仅可以降低企业获得生产原料的成本，让企业在销售端获得最大的利润空间，也可提高企业产品的质量和竞争力，给企业带来持续性的发展。

选择供应商的方式有两种：询价、比价和招标。采购部门经过市场调查，与供应商就采购需求充分沟通，通过对物资价格、付款方式、收货方式及其他采购因素综合考虑和评估后，选定供应商进行合作。

（1）询价、比价方式：选择至少三家的供应商，针对供货价格、售后服务、付款方式、付款账期、运费、运送方式、退货条件等方面进行调研、询价和比较，填制"采购询价单"（参考第 66 页，表 3-4）和"供应商报价会审单"（参考第 67 页，表 3-5），形成询价、比价记录。

注意：中小企业的采购，视物资的具体种类决定询价、比价的内容。采购部门经过对比、分析和评估，选择一至两家作为合作的供应商，由采购部门负责人和总经理审批。

（2）招标方式：这种方式一般用于大宗物资项目、工程项目或专项项目中的供应商选择，通过公开邀请或招募的方式，与市场中符合资质的供应商进行合作。公司采购部门编制标书，标书一般分为商务标和技术标。当采购部门向市场中三家或三家以上的供应商发出邀请，或由供应商主动向公司表达合作意向后，采购部门可正式启动招标工作。经过开标、评标等程序，由评标小组综合评估供应商承诺的条款并进行打分，分数最高者被选为合适的供应商进行后续合作。具体方法可参见国家招投标的相关法规条例。

注意：无论采用哪种选择供应商的方式，都是为了达到企业采购的质量目标和数量目标，以及满足我方的资金安排，达成与供应商的长期合作。所有过程都需要在公平、公正、公开、合法合规的前提下进行。选择供应商的过程及结果，都应得到需求部门负责人、相关部门负责人及总经理的充分审核和评估。

此外，对于其他零星物资或小金额物资，需求部门可简化采购和审核流程，财务部门每月月末对此类数据进行趋势分析即可。

2. 供应商的资信调查

企业选择供应商时，若采购的物资达到一定金额，则需要通过调查取得供应商的背景信息，信息包括但不限于：供应商的规模、行业资质、法律纠纷、财务报告、预付比例、到货时间、付款账期、付款方式等。将上述信息填制成"供应商基本资料评审表"（参考第 68 页，表 3-6），并交由财务部门、法务部门、需求部门以及采购部门负责人评估和审核，通过后方可执行后续采购流程。

3. 建立合格供应商名录

经过多个部门的评估和审核选出的符合我方要求的供应商，由采购部门记录在公司的合格供应商名录中；未被选中但评估较为优秀的供应商可作为备选供应商一并填制在合格供应商名录中，以保留开展合作的可能。

合格供应商名录需向公司内各业务部门公示，以防业务部门在日常经营活动中擅自选择未经公司评估的供应商进行合作。

注意：中小企业若未能使用相关的 ERP 系统来管理采购流程，将无法有效限制部门随意选择供应商的行为。财务部门在审核付款申请时若发现该情况，需及时反馈至采购部门，并询问具体原因。同时，为了杜绝发生该情况，业务部门的请购单须统一提交至采购部门进行审核。

4. 供应商的定期评估和淘汰

相关部门在物资验收阶段以及使用阶段，若发现质量问题或服务问题，要及时向采购部门反馈，采购部门将反馈信息汇总记录后，与供应商协调退换货及后续改进事宜。相关部门的反馈记录将作为定期评估供应商的依据。

采购部门须定期（建议每年一次）会同物资需求部门、质量部门和财务部门，对供应商的供货质量、送货时间、服务态度、发票提供的及时性、发票金额的准确性及付款条件等方面进行考评，淘汰评分较低的供应商或暂停与其合作，同时启用合格供应商名录中的备用供应商，再次开启供应商选择程序以补足合格供应商的数量。淘汰和更换供应商，应先由采购部门发起申请，采购负责人审核、总经理审批通过后执行。

3.2.7　采购合同的关键控制

采购部门填制"采购合同会审单"（参考第 71 页，表 3-7）申请合同签订，经过相关部门审核后，在合同文本上签字盖章。需财务部门审核的合同要点包括：物资规格是否符合业务部门的需求、确认我方预付比例、判断该项采购是否在采购预算内、确认我方的付款方式、付款账期、验收条件、运费、涉税条款（主要包括开票信息、税率、含税价和不含税价）等。同时，财务部门要预测账期对现金流的影响，并据此向管理层提示风险。

财务部门可协助采购部门制定采购合同台账，台账信息包括但不限于：供应商名称、合同编码、合同起止日期、物资名称、物资规格以及型号、价格、运费、税率、账期等。台账信息作为采购过程的"起点"记录，将为后续成本核算提供辅助明细数据。

注意：采购合同的控制需注意审核时效，建议财务部门在一

个工作日内完成。为了提高合同审核效率，规避合同文本中可能
出现的问题，财务部门可在必要时参与合同签订前的采购谈判。

3.2.8　订单和验收入库的关键控制

1. 单据信息

合同签订完成后，若需向供应商下单，则由采购部门汇总需
求部门的物资信息，转填为公司标准统一的订单，订单经采购部
门负责人签字审核通过后，盖章发送至供应商。供应商接收订单
后，订单信息可合并填入采购合同台账中。采购合同台账由财务
部门协助采购部门填制，填制内容包括价格、下单时间、预计到
货时间、实际到货时间、运费、验收情况、退换货情况等。上述
信息可作为财务人员分析采购成本的明细数据。

物资到货后，仓储部门负责组织需求部门、采购部门、质
量部门共同验收物资质量。对于达到我方质量要求的物资，签
收并填制验收单据及入库单。采购过程中的相关订单、收货单、
入库单、货运单等单据信息须勾稽一致，单单相符，财务部门
在记账时应注意比对检查各单据中的数量、规格、时间、签字
等，确保信息一致。这些单据将作为财务部门预付、应付科目
记账的前置必要条件。

2. 退换货情况

若在初步验收阶段发现货物质量无法满足要求，或业务部
门在使用过程中发现货物存在质量问题，则需及时通知采购部
门，由仓库或业务部门填制退货单向采购部门申请退货，采购
部门负责与供应商协调产品补发或扣款等处理方法，退换货信

息需及时告知财务部门，财务部门在当月结账前完成当月退换货的账务处理，并在记账前复核原始订单、验收单据、退换货记录及相关审批信息。

3.2.9　付款的关键控制

1. 申请付款

采购部门填制"付款申请单"（参考第 72 页，表 3-8），申请单经过采购部门负责人审批通过后，提交至财务部门申请付款。财务部门审核时要核对采购过程文件是否完整且有审批痕迹、付款是否达到合同约定的付款条件等。

注意： 采购流程需分为两个部分：一个部分是采购物资申请流程；另一部分是付款申请流程。若两者合并，则容易导致管理混乱，进而发生舞弊。

若物资按订单采购量定期或分期交付，财务部门同样要协助采购部门编制采购台账，汇总并记录预付金额、应付金额、已收发票等数据。

注意： 在采购的多个阶段都出现了采购台账，该台账可合并填制，也可分别按照合同、订单、付款和发票来填制，目的是让财务人员能够较为深入地参与到采购业务当中。如此有三个好处：一是有利于财务人员清楚采购部门采购的物资种类，降低记账出现的差错概率；二是有利于财务人员准确预测业务发生的现金流，以便管理公司整体的现金流；三是有利于财务人员了解整个采购过程，有助于其思考如何降低公司的采购成本。

2.定期分析成本和供应商的账期

财务部门要定期对采购成本及相关费用进行分析。基于重要性原则，财务人员将财务报表、辅助余额表以及采购各类台账的管理数据相结合，可按时间、供应商、金额、账期、发票等维度分析实际采购成本，同时比对年度采购预算的执行情况，得出采购成本分析报告。同时，财务人员还要测算现金在未来一定时间内的流入和流出，分析供应商账期、预付金额、采购物资数量、采购应付金额、我方产量以及销售回款速度等内容，得出现金流健康水平的分析报告。财务人员需汇总两份分析报告，并提交至财务部门负责人、采购部门负责人和总经理处，作为日常管理和决策的参考。

3.2.10 应付账款的关键控制

1.定期对账

财务部门需协助采购部门每年至少与供应商对账一次。财务部门协助采购部门编制账单，采购部门负责人确认后，由财务部门发送信函或电子邮件至供应商，要求供应商核对账单上的信息，包括已供货数量、在途物资数量、我方已收货数量、我方已退货数量、已付款未开票、未付款已开票、账期、已付款金额、未付款金额等信息。供应商核对后在账单上签字并加盖印章，寄回至我方财务部门。

若发现差异，财务部门需协助采购部门联系供应商查明原因，查询结果报告至采购部门负责人及财务部门负责人，并申请合适的处理方式，财务部门根据审批后的处理方式进行账务调整。

2. 采购人员定期内部轮岗

轮岗是指安排采购人员负责采购与其之前采购物资不同的物资，或安排其他部门的人员来担任采购员，前提是采购部门和其他部门的人员充足。

例如，每年负责 A 物资采购的采购员与负责 B 物资采购的采购员调换岗位，或者质量部门人员调岗至采购部门，这些措施能使公司及时发现采购中可能存在的问题。

案例 3-3　采购主管套取公司资金

丙公司为一家精加工制造型企业。2018 年年底，为了响应国家环保生产号召，丙公司开展专项整治，计划在全国各地的车间及仓库中新增边角料存放桶和垃圾桶。通知下发后，各区域负责人便给采购经理下发了任务目标。因为各区的车间和仓库的生产量及物理环境不同，部分桶需要定制，丙公司总部无法做到统一采购，因此各区域需自行采购。小强是丙公司在西南某偏僻地区车间的采购主管，由于当地没有采购经理，于是由小强寻找供应商。因地处偏远，供应商数量有限，小强找了当地的老同学李某合作。

小强向区域负责人报告找到了供应商，并把经过李某编造过的供应商资料交给了区域负责人。因地处偏远，报价较高，区域负责人考虑后感觉价格能够接受。小强马上申请签订采购合同，合同顺利通过审批。在日常采购执行中，小强编造了验收记录，并连续几个月向区域负责人申请付款，对此区域负责人和当地的财务人员感到疑惑，但小强表示因为需求较大且需要外区运送，所以付款多次，对于这个理由，区域负责人与财务人员也只能接受。

6个月后，丙公司总部针对该项目进行采购成本分析，发现小强负责采购的费用是其他区域的4倍，差距达到了15万元。经过一番调查，总部发现小强不仅伪造供应商资料让李某成了供应商，还编造运费、抬高报价，另外还虚构收货数量、伪造验收痕迹以骗取公司款项，并与李某分赃。丙公司报警后，小强与李某均被抓获。

💡 分析

在本案例中，首先，小强提供供应商资料后，区域负责人未对供应商提供的信息进行充分核实，未调查该地区的市场价格；其次，拟定采购合同缺少供应商基本资料评审表、询价比价记录表等前置条件，使该采购合同瞒天过海通过审批；最后，财务部门未能定期（每月）进行成本分析、付款监督及物资盘点，而是在总部进行项目成本回顾时才发现问题，若财务部门能够在每月月底进行多维度分析和核对，将会及时发现问题。

案例 3-4 　采购经理收受回扣 300 余万元被判刑

2020年5月19日，中国裁判文书网上一纸关于"大疆反腐案"的判决书引起热议。该判决书对大疆公司前员工吕某、伊某"非国家工作人员受贿"二审刑事案作出了最终判决。

判决书显示，2016年至2018年，大疆公司负责采购的员工吕某在该公司前员工伊某的协助下，利用增加采购额给予返点的模式受贿，截至案发，采购额共 7 500 万元，供应商给予两人共计 348 万元的回扣。最终两人以"非国家工作人员受贿罪"分别获刑五年和一年半，并被依法没收违法所得。

追溯该案，在 2018 年 8 月，大疆公司法务部门接到匿名举报信，举报公司前员工伊某勾结公司采购人员吕某，通过银行账户多次向吕某输送巨额贿赂，并为供应商牟取利益。

经调查，伊某在大疆公司任职期间引入一家供应商，离职后跳槽加入该供应商公司任职，伊某在大疆公司的工作由吕某接替。经两人计划，吕某在职期间利用"公司采购不需要提出申请，也没有固定采购计划"的漏洞，通过腐化公司研发部门、下单组和质量部门，多次排除其他供应商并向该供应商下单，采购额从每年 30 余万元升至每年 3 000 余万元。大疆公司出具的补充说明显示，2015 年 12 月至 2016 年 6 月，公司向该供应商支付的采购额维持在平均每月 21.5 万元左右；2016 年 7 月至 2018 年 8 月（吕某在职期间）平均采购额维持在每月 364.8 万元左右，采购额飙升了 16.9 倍。

大疆公司在内部也发布了反腐公告，称因内部腐败问题导致 2018 年的平均采购价格超过合理水平 20%，其中高价物料的价格比合理水平高 20% 至 50%，不少低价物料的价格更是合理水平的两到三倍。保守估计，大疆公司因此损失超过 10 亿元。

分析

采购管理一直被视为公司管理的"重灾区"。该案例中采购人员利用公司管理漏洞收取供应商回扣是常见的采购舞弊，公司可以从以下方面进行改进。

（1）规范采购计划，有序采购。在本案例中，公司没有年度采购计划，在采购时也不需要提出申请，可见采购员的权力非常大，采购员一人即可决定供应商人选、采购价格、采购数量等；且该公司对采购环节毫无计划，这意味着采购人员的采购行为不受约束。因此，采购部门的采购活动均需纳入年度采购计划，若超出计划则要额外审批。

（2）定期评估供应商，定期进行采购成本分析。有本案例中，吕某在职近两年的时间里，采购额异常上升了将近 17 倍，公司却毫无察觉，可见财务部门及采购部门或其他管理部门对此缺少定期分析和评估。鉴于此，从财务角度来说，财务人员需对该供应商的采购额、款项数据进行分析，出现异常上升需提交至管理层并提醒该情况存在风险；从非财务角度来说，公司采购部门可定期对同一产品的不同供应商从成交价格、发货数量、收货数量等维度进行横向比对，及时发现采购过程中可能出现的问题。

（3）开展轮岗机制，加强监督。对于像对接供应商之类的高风险岗位，公司可以让采购部门内部定期轮岗，防止员工在同一岗位滥用权力。公司也可通过组建专项检查小组，对公司的中高风险业务进行定期或不定期的检查。此外，还可鼓励公司内部进行举报，进一步监督违法舞弊行为。

3.3　常用工具表单

3.3.1　原材料请购单

表 3-3　原材料请购单

原材料请购单								
申请人		部门		岗位		申请日期		
申请事项及理由：								
材料名称	材料编码	规格型号	单位	库存	安全库存	计划耗用	申请采购	
合计								
审批栏								
序号	审批部门/岗位	审批意见				审批人	审批日期	
1	生产部门							
2	采购部门							
3	仓储部门							
4	财务部门							
5	总经理							
注：本请购单系申请采购生产用材料的单据。								

3.3.2　采购询价单

表 3-4　采购询价单

采购询价单										
致：　　　　　　　　　　（公司名称）										
收件人：　　　　　　　　（姓名＋岗位）										
我公司计划采购下表所列示的商品／服务，恳请贵公司提供一下报价（含税）信息：										
序号	名称	规格型号	单位	数量	单价	不含运费总价	含运费总价	发票税率	付款期限	到货期限
贵公司收到本询价单后，还请在＿＿＿＿＿＿个工作日内以传真的形式向我公司书面报价（加盖公章）。 　　我公司传真号码： 　　　　　　　　　　　　　　　　　　　　　　　　　　（询价专用章）										

3.3.3　供应商报价会审单

表 3-5　供应商报价会审单

供应商报价会审单								
公司计划采购一批原材料，根据公司制度的相关规定，须获取三家或三家以上供应商的报价。采购部门经过初步遴选，现将最合适的供应商报价信息列示如下，请审批。 　　　　　　　　　　　　　　　　采购总监： 　　　　　　　　　　　　　　　　　　年　月　日								

供应商①：

序号	名称	规格型号	数量	单价	不含运费总价	含运费总价	发票税率	付款期限	提货方式及期限

供应商②：

序号	名称	规格型号	数量	单价	不含运费总价	含运费总价	发票税率	付款期限	提货方式及期限

供应商③：

序号	名称	规格型号	数量	单价	不含运费总价	含运费总价	发票税率	付款期限	提货方式及期限

审批栏			
序号	审批部门/岗位	审批意见	审批人	审批日期
1	生产部门			
2	质量部门			
3	法务部门			
4	财务部门			
5	总经理			

注：（1）后附请购单、供应商报价单及供应商资质和背景资料。（2）本单一式五联：第一联采购部门联，第二联生产部门联，第三联质量部门联，第四联财务部门联，第五联总经办联。

3.3.4 供应商基本资料评审表

表 3-6 供应商基本资料评审表

供应商基本资料评审表						
企业名称			法定代表人			
地址			电话/传真		E-mail	
企业成立时间			企业性质		职工总数	
企业介绍						
联系人		岗位			联系方式	
生产特点：□ 成批生产 □ 流水线大量生产 □ 单台生产 □ 其他情况具体说明						
提供产品介绍	序号	产品名称	产品规格	产品型号	产品简介	
提供的产品名称及使用或依据的技术质量标准（国际标准/国家标准/行业标准/企业标准）的名称/编号：						

（续表）

新产品开发能力：□ 能自行设计开发新产品 　　　　　　　□ 能设计开发简单的新产品 　　　　　　　□ 不适用
服务响应能力：□ 24 小时内反馈并完成处理 　　　　　　□ 1～3 个工作日内反馈并完成处理 　　　　　　□ 3～7 个工作日内反馈并完成处理 　　　　　　□ 不适用

去年 生产 数量				去年 销售 数量		去年 退换货 数量		去年 生产 收入	
主要 客户	客户名称	近 3 年收入金额	收入占比	备注	主要 供应商	供应商名称	近 3 年提供产品	产品占比	备注

是否通过产品或体系认证： □是　产品名称：＿＿＿＿＿＿＿＿＿＿＿＿＿。（请提供证书复印件） ＿＿＿＿＿＿＿＿＿＿＿＿＿＿＿＿＿＿＿通过认证。（请填写时间） □否＿＿＿＿＿＿＿＿＿＿＿＿＿＿＿＿＿＿。（请填写原因）
供应商开票能力：□专用发票 17%　　□专用发票 3% 　　　　　　　□专用发票 6%　　□普通发票 3%

（续表）

法定代表人签字：　　　　　　　　　日期：　　年　月　日 公章：
请提供以下资料：（1）企业法人营业执照复印件；（2）税务登记证复印件；（3）企业法人组织机构代码证复印件；（4）若为代理商，需提供代理商授权书；（5）企业质量管理体系认证证书（如有）；（6）相关业务资质证明或证书。

填制人		填制时间	

采购主管评审意见：
□ 纳入合格供应商名录
□ 不纳入合格供应商名录
□ 纳入合格供应商名录作为备选
□ 本次可临时采购，纳入合格供应商名录作为备选

审批栏

序号	审批部门/岗位	审批意见	审批人	审批时间
1	需求部门			
2	采购部门			
3	财务部门			
4	法务部门			
5	分管副总			
6	总经理			

3.3.5　采购合同会审单

表 3-7　采购合同会审单

采购合同会审单			合同编号：	
申请人		申请部门		申请时间	

事由：

1. 供应商名称：

2. 品名、规格、价格条款

品名	规格	数量	含税单价	含税总价
合计	—			

3. 合同主要条款：

审批栏				
序号	审批部门/岗位	审批意见	审核人	日期
1	需求部门			
2	质量部门			
3	财务部门			
4	法务部门			
5	总经理			

注：后附相关供应商基本资料评审表、询价记录、招标记录、合同文本等。

3.3.6 付款申请单

表 3-8 付款申请单

付款申请单

申请人		部门		岗位		项目（合同）编号		申请日期	
项目名称									
付款内容说明：									
付款节点：□ 一次付款 □ 预付款 □ 进度款 □ 结算款					合同（应付）额：¥			累计已付：¥	
本次付款：（大写） 万 仟 佰 拾 元 角 分							（小写）¥		
收款单位		联系人		联系方式					
开户行				账号					
付款方式：□ 现金 □ 转账 □ 银行承兑汇票 □ 支票					已开发票金额：¥				

审批栏

序号	审批部门/岗位	审批意见	审批人	审批日期
1	采购部门			
2	财务部门			
3	分管副总			
4	总经理			

附件 张

04 | 存货管理中的
风险与内部控制

4.1 存货管理中的常见风险

存货管理中常见的风险主要包括：

（1）流动资金占用过量。

（2）存货不足，生产中断。

（3）存货发生质量问题，影响生产经营。

（4）存货长期堆积，市场价值贬损。

（5）货物被盗或意外毁坏，发生损失。

4.2 存货管理中的核心控制

4.2.1 重要职务分离

存货管理中的重要职务分离，如表 4-1 所示。

表 4-1 存货管理重要职务分离

业务	不相容职务 1	不相容职务 2	不相容职务 3	不相容职务 4
存货入库	验收	入库	记录 / 记账	—
存货调动 / 分仓	申请 / 执行	审批	记录 / 记账	—
存货盘点	盘点	监盘	检查 / 复核	—
存货出库	申请	出库	记录 / 记账	—
废旧存货处置	申请	审批	处置	记录 / 记账
存货退换	申请	退换	记录 / 记账	—

4.2.2 入库的关键控制

1. 外采存货

1）验收管理

外采物资到货后，由生产部门、采购部门、仓储部门、质量部门、送货方共同验收货物，并填写"入库验收单"（参考第 90 页，表 4-2）。中小企业通常部门较少，但也要保证生产部门和仓储部门共同验收。验收时核实货物的数量、规格、质量等与外发订单上的信息是否一致，与生产部门的需求是否相符，核实无误后方可入库；若核实有误则应尽快联系采购部门，要求采购部门与供应商沟通退换货事宜。

2）入库前置文件管理

入库前置手续须完备且清晰，主要包括经过签字的采购订单或采购申请单、送货单、入库申请单等。相关部门共同验收确认物资后，仓储部门签发一式三联的入库单，分别交至采购部门、质量部门和仓储部门留存，并将入库数量、物资名称等信息记录在"库房台账"（参考第 91 页，表 4-3）上，以证实货物已进入仓库。

注意：入库的手续极其重要，中小企业为了简化流程，往往会在入库手续上"偷工减料"。然而入库手续不够完备，不仅会给成本核算带来困难，也会模糊存货的实际去向。因此，财务人员可每月或每季度从成本分析的角度出发，对公司的整体销售数量、销售总价、产品单价、出库数量、生产成本费用进行横向分析和比较，也可以从产品的角度出发，对客户间的收入和成本进行比较分析，以此来发现存货在出入库过程中可能存在的问题。

3）退换货管理

供应商的退换货情况通常由采购部门记录于合同台账，作为供应商考核的重要依据。一般来讲，根据采购合同中的采购结算依据，退换货情况可分为：①要求换货，需及时向供应商申请；②要求退货，同时可以在采购结算时要求供应商给予折让或向供应商提出索赔。

若我方提出索赔或需供应商给予折让，则由采购部门收集该批物资的订单、入库单、验收报告、合同等证据，根据合同条款，第一时间向供应商提出书面协商申请，并将该份书面协商申请抄送至财务部门备案，提醒财务部门在结算采购款时进行相应的账务处理。该申请要经过供应商的确认和采购部门负责人的审批。审批通过后，由采购部门向供应商发送信函或电子邮件进行协商和确认。

注意：退换货的管理中，若相关部门信息传递不通畅，会影响采购款项结算以及相应账务处理的结果。财务部门需与采购部门、仓储部门、验收部门、生产部门等保持信息同步，发现问题及时协调，否则将影响公司正常的生产经营。

2. 自产存货

1）验收管理

生产部门生产出的产品，经过质量部门验收并出具检验报告后，才能准许入库。仓库管理员在入库前检查产品质量以及各项手续是否齐全，检查合格后才能办理入库手续。

2）入库前置文件管理

入库前置文件包括签字确认后的生产计划单、入库申请单，有时还需要产品验收报告（根据质量检查类型、验收计划和验收方式的不同情况而定）。

4.2.3　存货日常管理的关键控制

1. 定点存放物资

仓库中要划分固定储存区域，不同的物资分类存放，并设置明显标志。

注意： 某些中小企业因自身管理和产品、原料等原因，日常物资存放比较杂乱，而混合存放常常会导致错拿错放和出库错误，发生重复退库或重复领用的情况，长此以往则无法准确核算仓库中的物资。若财务人员在盘点时发现问题，可与仓库管理员沟通，了解问题发生的原因，并提出改善措施。

2. 限制接触，妥善保管

仓库中要安装门禁、监控，配备专职保安人员定期巡检，并登记巡检记录，限制无关人员进入仓库、接触货物。进出人员须在仓库进出表上登记，表格内容包括姓名、部门、出入时间、到访原因等。

注意：一般情况下，只有仓库管理员可以进入仓库，其他人员都只能在门口接待处等待仓库管理员领出货物。若允许其他人员进出仓库，又忘记登记领出的物料，那么将无法准确核算仓库中的物资。

3. 保证安全的存放环境

仓库中配备消防设施，满足不同物资的存储环境，可以避免物资损毁。同时，仓储部门需联合相关部门定期或不定期地对仓库管理环境进行维护和抽检，以避免环境原因引起不必要的存货损耗。

4. 废旧、损毁、闲置物资的处理

对于废旧、损毁、闲置的物资，仓库需使用规范的表单进行登记，处置时参考物资出库流程，由采购部门对外寻找合适的外部处理方进行处置，处理完成后取得对方签字或盖章的验收单、收据或发票等凭据。

废旧、损毁、闲置的物资若有对外变卖价值，那么在经过仓储部门负责人、财务部门、采购部门审核同意后，由采购部门负责寻找合适的外部处理方并签订合同或订单，处理所得由外部处理方的对公账户转账至公司的对公账户。财务部门取得相关文件，复核无误后记账。

注意：若忽视对废旧、损毁、闲置物资的管理及处置，容易出现舞弊行为。废旧、损毁、闲置物资的管理应参照正常物资的相关管理方式和流程。废旧、损毁、闲置物资不同的变卖处理方式会产生不同的收益，所以如何处理废旧、损毁、闲置物资需要评估审核，若存在收益，则必须将这部分收益纳入公司账务。

4.2.4　出库的关键控制

1. 出库的申请与审核

需求部门填制"出库单"（参考第 91 页，表 4-4），向仓库管理员申请出库。仓库管理员审核单据与仓库中的实际物资规格和数量是否一致、审批痕迹是否完整。审核无误后，仓库发出物资并登记出库台账。出库单由仓储部门存档，并定期报送至财务部门作为记账的必要附件。

2. 分仓或流转

需求部门需填制分仓或流转表单，仓库将其视同物资出入库处理，相关文件存档并流转至财务部门作为记账必要附件。

注意：多个仓库的调配物资也需视同出入库处理，建议财务人员在处理账务时一并反映，这样能够清晰明确地通过相关辅助表格反映当期每个仓库的存货余额。

4.2.5　定期盘点和分析数据的关键控制

1. 定期盘点存货

存货的定期盘点采取永续存盘制。仓库管理员应至少每年盘点一次存货，并填制"仓库物资盘点表"（参考第 92 页，表 4-5）记录盘点结果，财务部门负责监盘。若发生盘盈或盘亏，需查明具体原因并在盘点表中详细说明，必要时形成另外的盘点报告交业务部门负责人和财务部门负责人审核。若发生一定金额以上的盘盈或盘亏，还需上报至更高层级的负责人审核，财务部门根据该负责人的审核意见进行账务处理。

　　财务人员要关注物资损耗，定期分析生产所需各类物资的损耗比率及相关科目的趋势，关注是否有异常比率或逐步上升比率，然后将分析结果形成报告并报送至生产部门负责人及财务部门负责人处。

　　中小企业对存货的盘点程序通常比较随意，根据企业货物进出库的特点，财务部门可建议仓库每日换班前进行盘点，形成盘点表，隔天将盘点表上交至财务部门进行复核，如此可避免每日出入库数据出现错漏。

2. 计提存货减值准备

　　财务人员根据物资的存储时间、金额、周转率等信息，进行多维度分析，根据财务部门与业务部门沟通后得出的符合会计准则的减值计提比例，对超过一定时期的积压物资进行预警，并得出分析报告，经业务部门负责人和财务部门负责人审核后进行账务处理。

　　注意：在财务账表上，"存货"这个科目可谓是"声名远扬"，财务人员在进行账务处理时必须多加注意。要注意的内容包括：账面存货金额与实际存货明细数据必须保持一致、实物数据和账务数据必须可以勾稽、实际存货的业务逻辑与数据计算逻辑必须保持一致、减值的物资分类规则必须保持一致，否则会有做假账的嫌疑。

4.2.6　仓库管理员定期轮岗的关键控制

　　若人员充足，仓库可定期进行仓库管理员内部轮岗，也可定期进行外部部门人员和仓库管理员之间的轮岗，以便及时发现物资在进出库过程中可能存在的问题。

案例 4-1　废旧存货被私下售卖

2021 年 6 月 22 日，三只松鼠股份有限公司的两名前员工因为私自"捡"公司废纸箱卖钱而获刑。涉事员工之一蒋某于 2013 年 7 月 22 日入职三只松鼠股份有限公司任物流仓库管理员；2016 年 7 月 1 日起任华北 DC 高级经理兼天津配送仓经理；2019 年 9 月 12 日起任华北大区总监兼天津 2C 发货仓运营经理；2020 年 3 月 8 日与华北大区新负责人进行工作交接，交接结束后至案发前任物流参谋部总参谋。

2016 年 7 月至 2020 年 3 月，蒋某利用职务之便，不断收受北京龙金亿劳务服务有限公司法定代表人王某的贿赂，且在 2018 年 10 月至 2020 年 4 月，伙同另一名被告人童某某采取销售不入账或调整过磅表等方式，将三只松鼠股份有限公司出售的废旧纸箱（价值 684 000 元）占为已有。其中被告人蒋某分得 344 000 元，童某某分得 340 000 元。

💡 分析

首先，蒋某担任大区总监兼发货仓运营经理，职务未能充分分离，导致蒋某一人可随意处置废旧纸箱，却无人监督。

其次，公司处置废旧物资缺少规范流程。若废旧物资的处置遵循其他类别物资的出库流程，要经手多部门审核，则物资不可能那么轻易被运出。

最后，蒋某采取的是"销售不入账或调整过磅表"等方式私下售卖公司废旧物资，但长时间无人知晓，可见公司未能对废旧物资加以有效监管。建议公司采取由财务部门定期关注废旧辅料的损耗率和处置金额的方式，进行趋势分析和对比分析，及时发现问题，不能因为是废旧物资就忽视其处理流程及各项管理环节。

案例 4-2　网红直播公司被收购

两年前，明明科技公司抓住了直播潮流，开始发展网红带货业务，仅靠每年"双 11"活动的营业额，就基本可以维持团队一年的花销。上海和平商贸公司预测网红直播带货的销售方式将成为业内主流，经过接触，发现每年"双 11"活动期间明明科技公司的营业额都比较好，便计划直接收购明明科技公司，迈入直播行业。目前处于商谈收购价格阶段，但上海和平商贸公司的财务部主管王悦有些纳闷，为何外界关注度逐渐上升的明明科技公司会同意被收购？在拿到明明科技公司的财务报表后，王悦对其进行了分析。

明明科技公司 2019 年未经审计财务报表（不考虑税率、利率和工资）的部分内容如下。

资产负债表					
编制单位：明明科技公司		2019 年 12 月 31 日			单位：元
资产	期初余额	期末余额	负债及所有者权益	期初余额	期末余额
流动资产：			流动负债：		
货币资金	3 232 311.00	3 500 000.00	短期借款	0.00	267 689.00
短期投资	—	—	应付票据	—	—

（续表）

资产	期初余额	期末余额	负债及所有者权益	期初余额	期末余额
应收票据	0.00	30 000.00	应付账款	100 000.00	340 000.00
应收股利	—	—	预收账款	—	—
应收利息	—	—	应付工资	—	—
应收账款	400 000.00	200 000.00	应付福利费	—	—
其他应收款	—	—	应付股利	—	—
预付账款	550 000.00	946 000.00	应交税费	—	—
应收补贴款	—	—	其他应交款	—	—
存货	500 000.00	860 000.00	其他应付款	—	—
待摊费用	—	—	预提费用	—	—
一年内到期的长期债券投资	—	—	预计负债	—	—
其他流动资产	—	—	一年内到期的长期负债	—	—
			其他流动负债	—	—
流动资产合计	4 682 311.00	5 536 000.00	流动负债合计	100 000.00	607 689.00

利润表		
编制单位：明明科技公司　　　　2019 年		单位：元
项目	上期发生额	本期发生额
一、主营业务收入	400 000.00	230 000.00
减：主营业务成本	138 000.00	240 000.00
主营业务税金及附加	—	—
二、主营业务利润（亏损在金额前以"—"号填列）	262 000.00	−10 000.00
加：其他业务利润（亏损在金额前以"—"号填列）	—	—
减：营业费用	40 000.00	23 000.00
管理费用	80 000.00	48 000.00
财务费用	—	—
资产减值损失	150 000.00	258 000.00
营业利润	−8 000.00	−339 000.00

现金流量表	
编制单位：明明科技公司　　　　2019 年	单位：元
项目	本期发生额
一、经营活动产生的现金流量：	
销售商品、提供劳务收到的现金	570 000.00
收到的税费返还	—
收到的其他与经营活动有关的现金	202 994.97
经营活动现金流入小计	772 994.97

（续表）

项目	本期发生额
购买商品、接受劳务支付的现金	654 000.00
支付给职工以及为职工支付的现金	—
支付的各项税费	—
支付的其他与经营活动有关的现金	118 994.97
经营活动现金流出小计	772 994.97
经营活动产生的现金流量净额	—

 分析

从资产负债表中可以看出，明明科技公司该年度多以预付账款的形式取得存货，以便在"双 11"当天应对订单，因此公司的生意并不是很好。

从利润表中可以看出，本年度的收入少得可怜，说明"双 11"期间，明明科技公司并没有卖出多少商品。且公司的利润率较低，再加上减值损失上升，说明有很多积压库存被大幅度计提存货减值准备。总的来说，该公司的商品已经没有销路了。

从现金流量表中可以看出，明明科技公司现金流量持平。然而，流入的现金主要是由约 27 万元的短期借款造成的（见资产负债表）。

综上，明明科技公司可能因面临被市场抛弃的困境，想趁着"双 11"活动搏一搏，所以在期初仍留有存货的情况下扩大采购，导致大量资金被占用；而从报表来看，明明科技公司的"双 11"

销量远未达预期，造成大量存货积压，实际资金链已经断裂，因此才痛快答应被收购。如果明明科技公司能根据市场情况及时调整市场策略，正确预估销售额或拓宽销售渠道，配合较为保守的经营方式，很可能不会沦落到被收购的境地。

案例 4-3　存货被私下售卖

AI 集团公司的主营业务是生产汽车零配件。公司实行产供销一体化，在行业内具有很强的综合实力，年营业收入超过 20 亿元，产品销往各地。集团在各地都有子公司，子公司大多位于各地的产业园区，作为生产型基地，其生产线和仓库都位于园区内。园区内的产成品主要通过板载大卡车运输至铁路处，再通过铁路运往全国各地。集团公司在全国各地都有合作的运输供应商，自有 10 个车队，另有 10 个外包车队负责运输工作。

集团公司内设有生产计划处，统筹管理集团公司的生产和所有物流运输工作。考虑到生产基地的特点，子公司内还设立了主管生产线的产能、工艺和质量的生产计划科，以及主管仓库、门卫和车队运输的物流科。若是客人订单到期需交付，则由生产计划科将需要运送的产品、数量、装载要求等通知物流科，然后由物流科通知车队前来运输。但这两个部门经常就时间安排和车辆规格问题互相抱怨。

一日，仓库管理员小张到点接替仓库管理员老李上晚班，发现仓库一角有大量的水渍，想到 A 车队刚刚来运货，他顿感事情蹊跷，报告了厂办。厂办赶紧调看监控，发现 A 车队司机张某在运货前将车辆倒入监控区域的死角处，监控显示 3 天内只有张某驾驶货车进入过该处。厂办立马组织调查小组调查此事。

经过一周的调查取证，查出原来 A 车队的司机张某与仓库管理员老李因工作关系认识多年，于是私下合谋。他们在 2015 年至 2018 年将载重水箱挂入车辆底部，利用在进入基地前过磅称重、进入基地后卸掉水箱的方式来操控过磅数据，将产成品偷偷运出基地后再私下售卖，凭此两人私下分赃 40 余万元。门卫老魏与老李也同属物流科的老同事，老李打个招呼，门卫处对司机张某的板载车也不会多加检查。厂办调查小组和 A 车队经过调查，发现张某和老李在这三年里利用该手法多次私自运出货物近 10 吨，市场价值近 300 万元，给集团公司造成了巨大损失。公司随后报案，张某和老李被公安机关逮捕。

 分析

该案例中的舞弊手法较为隐蔽，但也不至于无法觉察，下面将从内部控制的角度来解读本案例。

首先，从发货流程上来看，各部门之间没有互相制衡。物流科统管门卫、仓库和物流，相当于生产计划科发出出货指令后，皆由物流科管理从车队进场到运货出厂的过程，若此过程中有纰漏，不易被觉察。建议子公司在发货流程上重新设定各科的职责，可参考集团公司的生产计划处的做法，将物流科主管的物流交给生产计划科管理，门卫交给保卫科或厂办管理。这种调整的好处除了部门之间可以在发货的过程中相互验证表单和数据外，还可以提高发货的效率和质量，避免生产计划科和物流科互相抱怨。

其次，要在重新设定各科职责的基础上更新发货流程的执行细节。门卫务必做到"每车必检"，且须在接到生产计划科的运货指令后，才能允许车队排队检查和过磅称重，并在车辆检查登记表上登记，信息核对无误后，填制入厂单。仓库在收到车辆的放行单后装货，装货后由仓库登记仓库出入库台账，填制出库单和出厂单，并将附件交给司机。门卫在看到出库单和出厂单的附件后进行车辆过磅称重，同时登记在车辆检查登记表上，核检运货指令，无误后予以放行。这样，生产计划科、物流科和门卫在执行过程中进行两两互相验证，保证了货物发货流程的完整、正确和真实。

再次，生产计划科要对车队的表现进行定期考核。生产计划科不定期抽检车辆，若发现车辆有异常，则对车队实行扣罚，如出现两次扣罚则将此车队移出供应商名录。

最后，该舞弊行为持续时间已有 3 年，说明财务方面也存在漏洞。财务部门可联合其他部门对仓库进行定期或不定期的实物盘点，盘点的数据若与账面数据存在较大差异，则必须由仓库对数据进行详细说明。在实际操作中，仓库可能因条件限制无法执行而忽视盘点，但财务人员要有这份意识，要指出定期盘点实物的重要性和必要性。此外，这种存货舞弊的情况仅通过财务账面的分析结果是很难看出来的，但若结合管理数据分析单个产成品的制造成本费用的变化趋势，就能发现异常，从而可追溯问题根源。

案例 4-4　上亿元的存货离奇失踪

上海某贸易股份有限公司（以下称"上海公司"）于 1990 年

在上海证券交易所上市，旗下拥有 40 多家子公司，是一家涉足进出口贸易、仓储、技术服务等领域的大型综合性企业。

2015 年 12 月 1 日，上海公司对外发布了一则《重大财产损失事项》的公告，公告中称上海公司业务部门在当年 11 月份检查存货时发现，存放在山西省某有限公司（以下称"代管方公司"）租赁仓库的 33 万吨原料遭代管方公司挪用，初步核查价值为 5 亿元，公司正就该行为与代管方公司进行交涉。该事件迅速引起了证监会的关注，并发出询问函，上海公司对此作出了以下回复。

早在 2010 年，双方就开始合作开展多项业务。双方历年来进行了多笔交易。2012 年，双方为了进一步合作，合资成立了公司，该合资公司是代管方公司所需的原料和产品的供应商与代理贸易商，即代管方公司将其生产所需的矿产品原料采购及产成品的销售通过该合资公司予以实现。而在此时，上海公司也已经确定了将从供应商处采购的原料暂存于代管方公司进行代管。2014 年 12 月，上海公司与代管方公司签订了《仓库租赁及货物保管合同》，合同中约定上海公司可租用代管方公司的仓库存储存货，代管方公司实质上也是生产该产品的企业。

2015 年 8 月，上海公司收到了代管方公司的《关于逾期合同的通知函》，表示无法按期交付上海公司所需的原料。但在此前的 2015 年 2 月，上海公司的分公司与代管方公司进行定期库存对账时也开展了现场盘库工作，未见异常。2015 年 10 月底，上海公司要求所属企业将未销售完毕的库存移仓至公司指定的仓库内。2015 年 11 月 30 日，上海公司发现代管方公司保管的原料丢失。

对此，代管方公司口头回复称缺失的原料已投入自身的生产中。

 分析

上海公司将存货交给合作的代管方公司管理，结果对方挪用了 33 万吨到自家生产中，匪夷所思。通常来说，中小企业存在多个仓库的情况比较少见，但若有多个仓库，其内部控制的管理方法还是与管理单个仓库有所区别的，下面将结合案例展开分析。

首先，制造型企业为了满足生产需要，有时会委外加工，即将半成品或原料运送至外协工厂进行加工后再运回；有时企业因生产规模扩大或工艺改进而增加产量，现有仓库无法存放全部存货，因而外租仓库，并根据具体情况将存货暂时或长期存放于该类仓库。对于此类业务，一方面，需要确定盘点周期（日 / 月 / 周 / 季），同时结合不定期方式，保持与对方高频率地对账、实地抽盘或全面盘点，以便发现存货管理中的问题；另一方面，若公司存在长期将大量货物存放于异地且交由合作方代管的情况，可派驻一名公司内的仓库管理员或仓库会计人员与合作方共同管理仓库，完成代管物资的出入库流程、盘点和对账工作。

其次，对于存放在代管方公司的物资，企业需与对方明确规定好发货指令和对账流程。可规定，若没有经过我方签字盖章的出库单，代管方无权擅自使用代管的物资，若发生了挪用、丢失等情况，应予以赔偿并追究法律责任。同时，可由双方财务人员对该出库单与代管方公司的出库记录进行定期核对，检查发出货物的名称、数量、规格、型号等信息是否一致。

总而言之，企业切不可忽视对合作方的动态管理，要定期开展跟踪评估工作，持续关注合作方的最新状况，以确保其始终符合合作条件，避免给企业造成不必要的损失。

4.3   常用工具表单

4.3.1   入库验收单

表 4-2   入库验收单

入库验收单							
采购合同编号		货物类型			供应商		
入库日期		采购订单编号			入库验收单编号		
序号	货物名称	编码	规格型号	计量单位	入库数量	备注	
验收事项： □ 外观完好，不存在霉烂变质、毁损。 □ 供应商、货物名称、规格型号、计量单位、数量与核对合同一致。 □ 质量、技术指标合格。							
生产部门：		质量部门：		采购部门：		仓储部门：	
注：（1）本单一式五联：第一联质量部门联，第二联仓储部门联，第三联生产部门联，第四联采购部门联，第五联财务部门记账联；（2）本单适用于产成品以外的物品入库。							

4.3.2　库房台账

表 4-3　库房台账

库房台账								
年　　月　　日								
序号	物资名称	规格型号	数量	计量单位	入库时间	出库时间	仓库管理员	备注

4.3.3　出库单

表 4-4　出库单

出库单							
出库日期		客户名称			出库单编号		
出库申请人		申请部门			联系方式		
序号	销售单号	送货单号（若有）	产品名称	产品编码	规格型号	计量单位	出库数量
总计							
仓库管理员		仓储部门负责人			送货员		

4.3.4　仓库物资盘点表

表 4-5　仓库物资盘点表

仓库物资盘点表

公司名称：

序号	资产编号	资产类别	资产名称	规格型号	单位	存放地点	上次（期初数字来源）盘点日期			盘点结果	差异说明
							账面数量	实盘数量	盘点差异		

盘点时间：

盘点人：　岗位　部门　日期

监盘人：　岗位　部门　日期

审批人：　岗位　部门　日期

05 | 固定资产管理中的
风险与内部控制

5.1　固定资产管理中的常见风险

固定资产管理中的常见风险主要包括：

（1）固定资产获取随意，未充分预估，造成重复采购、资金浪费。

（2）未能妥善保管固定资产，造成资产被损毁或无法使用。

（3）固定资产的数量、状态与账面信息不一致，影响财务核算和分析的准确性。

（4）随意处理废旧或闲置的固定资产，可能发生处置收益被个人侵占的情况。

5.2   固定资产管理中的核心控制

5.2.1   重要职务分离

固定资产管理中的重要职务分离，如表 5-1 所示。

表 5-1   固定资产管理重要职务分离

业务	不相容职务1	不相容职务2	不相容职务3	不相容职务4
资产采购计划 / 预算	申请	审批	监督 / 检查	—
供应商评估 / 选择	评估	审核	审批 / 选择	—
价格评估	评估	审核	审批 / 确定	—
采购合同	申请	审核	盖章 / 签字	—
验收 / 入库	验收	入库	记录 / 记账	—
付款	申请	审核	支付	记录 / 记账
采购退回	申请	退回	记录 / 记账	—
再投入 / 更新 / 改造 / 维修 / 记录	申请	审批	记录 / 记账	监督 / 检查
废旧 / 闲置资产处理	申请	审批	记录 / 记账	监督 / 检查
资产盘点	盘点	监盘 / 复核	审核	记账

5.2.2   授权体系

固定资产管理的授权体系可参考"公司固定资产管控权责表"，如表 5-2 所示。

表 5-2　公司固定资产管控权责表

关键事项	发起部门	输出成果	部门 / 岗位						
			业务部门	采购部门	财务部门	法务部门	分管副总	总经理	董事长
供应商管理									
原材料/固定资产类供应商资质评估	采购部门	供应商基本资料评审表/《供应商考察报告》		申请	1	2	3	▲	
战略性框架供应商资质评估	采购部门	供应商基本资料评审表/《供应商考察报告》		申请	1	2	3	4	▲
原材料/固定资产类供应商年度评估	采购部门	供应商年度评估表		申请	1			2	▲	
固定资产采购过程管理									
固定资产年度采购计划和预算编制	资产管理部门/采购部门	《年度采购计划和预算》	申请	1	2		3	4	▲
单笔金额<20万元	资产管理部门/采购部门	请购单	申请	1	2		▲		
20万元≤单笔金额<50万元	资产管理部门/采购部门	请购单	申请	1	2		3	▲	
单笔金额≥50万元	资产管理部门/采购部门	请购单	申请	1	2		3	4	▲

（续表）

关键事项	发起部门	输出成果	部门 / 岗位						
			业务部门	采购部门	财务部门	法务部门	分管副总	总经理	董事长
战略性框架采购	采购部门	请购单		申请	1		2	3	▲
采购合同管理									
单笔金额＜20万元	采购部门	采购合同 / 协议		申请	1	2	▲		
20万元≤单笔金额＜50万元	采购部门	采购合同 / 协议		申请	1	2	3	▲	
单笔金额≥50万元	采购部门	采购合同 / 协议		申请	1	2	3	4	▲
战略性合作协议 / 合同	采购部门	采购合同 / 协议		申请	1	2	3	4	▲
付款管理									
单笔金额＜20万元	采购部门	付款申请单、发票		申请	1		▲		
20万元≤单笔金额＜50万元	采购部门	付款申请单、发票		申请	1		2	▲	
单笔金额≥50万元	财务部门	付款申请单、发票		1	申请		2	3	▲
应付款对账	财务部门	供应商对账单		1	申请		▲		

（续表）

关键事项	发起部门	输出成果	部门 / 岗位						
			业务部门	采购部门	财务部门	法务部门	分管副总	总经理	董事长
日常调拨 / 维修 / 处置 / 盘点									
单笔金额＜20 万元	业务部门	固定资产调拨申请单 / 固定资产维修申请单 / 固定资产处置申请单	申请		1		▲		
20 万元≤单笔金额＜50 万元	业务部门	固定资产调拨申请单 / 固定资产维修申请单 / 固定资产处置申请单	申请		1		2	▲	
单笔金额≥50 万元	业务部门	固定资产调拨申请单 / 固定资产维修申请单 / 固定资产处置申请单	申请		1		2	3	▲
盘亏 / 盘盈金额＜10 万元	财务部门	固定资产盘点表 / 固定资产盘点报告	协助		申请		1	▲	
盘亏 / 盘盈金额≥10 万元	财务部门	固定资产盘点表 / 固定资产盘点报告	协助		申请		1	2	▲

符号解释："1/2/3/4"表示申请后的流程顺序；"▲"表示最终批准权。

说明：①发起部门为申请部门。②审批顺序：部门内的审批顺序为经办人→部门经理，如从 A 部门转到 B 部门，要经 A 部门经理审批。③发起部门负责组织起草方案并组织文件流转。④表中数字部分为参考值，由企业根据发展现状进行调整。

5.2.3　获取固定资产的关键控制

1. 定义固定资产

财务人员可以根据《企业会计准则第 4 号——固定资产》及相关规范条例准确清晰地定义固定资产，并以金额或资产性质为标准区分其他资产与固定资产，与资产管理部门、采购部门、相关资产使用部门和业务部门负责人达成统一的认知。

注意：除在财务上明确定义的由在建工程达到验收条件转入"固定资产"科目的大型的、清晰可辨认的资产外，中小企业的财务人员对其他需要辨识为固定资产的物资，一定要与相关业务部门达成统一的意见。固定资产在财务账面上的处理与固定资产的实物管理息息相关，如电脑、办公桌椅等价值不高且容易损耗的行政办公设备，在财务上可作为费用一次性入账，也可作为固定资产每月折旧。费用化处理相较于固定资产管理更简单且没有必须登记固定资产台账、粘贴资产卡片、定期盘点清查等复杂的管理手续。财务人员须避免与业务部门对某一项资产产生认知偏差，因为一旦产生偏差，极有可能导致固定资产账实不符的情况。

2. 关键控制固定资产的获取

1）获取固定资产

获取固定资产的方式有多种，包括但不限于：以投资形式取得建设项目、通过并购和收购市场上现有的公司来直接取得固定资产、通过外部采购来获取固定资产。

以投资、并购或收购的形式耗费巨资取得的固定资产，需纳入公司专项投资预算，同样也需编制并入年度成本费用的预算中。若专项投资预算已经包含在年度预算中，那么需在前期编制预算的可行性分析和背景调查的基础上，监控该投资项目的宏观政策、行业发展、成本价值变化、投资回报期变化等。在作出获取固定资产的决策前，需由相关业务部门、财务部门、总经理、董事长对项目信息进行充分评估和审核，提交董事会或投资专项委员会审批后，再执行后续程序。

但中小企业在发展过程中获取固定资产的投资行为具有不确定性，若专项投资预算不包含在年度预算中，则应先对获取固定资产的投资行为的可行性进行详细分析。分析内容包括对方与项目相关的宏观政策、背景信息、行业发展、投资回报期、预估价值等。同时应尽可能获取与项目有关的一切信息，若有必要可与外部调查公司合作，获取较为客观的背景调查报告。任何企业在进行投资或收购、并购时，经常会因为信息不对称吃尽苦头，详细客观的背景信息对企业决策至关重要。在作出决策前，可行性分析报告和背景调查报告需要企业管理层及相关业务部门审批，切不可依据某个人的主观判断来做决策。中小企业经常会出现"一支笔、一言堂"的现象，通常总经理只是向财务人员询问账面金额后就主观作出了决策，所以建议财务人员对年度预算与年度现金流的预测结果进行分析并交给总经理作为判断依据，且日常与总经理加强关于现金流情况的沟通。总经理若计划投资或并购、收购，建议其经过财务部门的详细测算后再决定。

从外部供应商处采买的固定资产切勿与采购的其他物资混在一起，应将其单独罗列，并填制固定资产采购申请单，以免数量、规格型号等信息不明晰。同时，采购前需要将固定资产费用包含在年度采购计划和预算中，由采购部门汇总编制。采购固定资产需求通过审批后，可采取与采购管理相同的招标或询价、比价方式来选择合适的供应商。财务部门在审核采购申请时，需要预估此项采购对现金流的影响、相关的涉税条款（包括税率、税种、票据种类、是否开票等内容），检查前置审批痕迹是否完整，考虑是否能以租赁的形式获取固定资产，以及现有库存资产可否满足需求等。

此外，财务部门还需关注获取固定资产是否是预算外计划或例外事项，这两个事项需得到更高层次负责人的审核。另外还要注意是否存在相关部门为了顺利获取固定资产，拆分原有项目金额以绕过原有审批人来顺利通过审批的情况。

2）管理专项项目

对于如工程类施工、建造、改造等形式的专业项目，需以单一项目的管理方式进行闭环管理。

前期由主要负责的部门牵头，联合相关部门对项目所需资源和可能存在的风险进行充分分析，由相关业务部门对项目的可行性、成本费用、工期、投资收益等进行充分评估、预估和审核，并得出可行性分析报告，提交董事会或投资专项委员会审批。

专项项目建设时间较长，因此财务人员需定期分析其成本费用支出并与实际预算情况进行对比，关注进度与计划的差距，一旦发现亏损，要及时向管理层汇报。

项目建设完成后，财务人员还要督促相关部门及时验收项目，并以验收报告作为账务处理的依据，同时从投资收益的角度进行评价，对整个项目在建设过程中耗费的总成本进行回顾和分析，更新原有投资回报预期结果。

3）关注预算执行中的资金流出情况

预算执行过程中，财务人员需协助业务部门定期对预算执行情况进行分析和总结，并回顾公司整体资金流出情况。

注意：即将超出预算时，财务人员需协助业务部门申请调整预算或再次申请预算，重新预估公司资金流出情况。日常经营过程中，固定资产的采购、改造、建造工作等费用一旦超出预算，将可能占用大量资金，影响正常的生产经营活动，导致公司资金链断裂。在预算执行阶段，财务部门需与资产管理部门、采购部门、相关预算的使用和管理部门以及总经理保持高频率的沟通，并就成本费用的结算和资金使用情况达成共识。

案例 5-1 **重复采购固定资产造成资金浪费**

丁科技公司的主要业务是代理国内厂家的国外广告投放。财务人员小张已入职丁科技公司两个月，一日，他突然发现桌上多出一张去年的固定资产入账凭证，凭证后附上了购买服务器的发票和验收单。好奇的小张拿着凭证去询问财务经理李姐，李姐表示这是去年信息中心购买的服务器，票据应该是今年才收到，之前负责的会计人员忘记放入上个月的凭证里了，于是让小张在这个月放进去。

小张出于职业敏感，打开了财务软件，找到了去年的会计凭证，证明了确有此事，但却发现采购服务器的数量是"一批"，折旧是每月按照比率自动生成数字。小张感到疑惑，因为这批物资前两个月已经结账了，这多出来的发票应该是重复了。细心的小张跑去仓库翻阅纸质凭证，发现这张凭证和发票已经存在，应该是供应商粗心，多开了一张发票。

小张环顾仓库后有点惊讶，他发现仓库已经存放了 5 台服务器，再翻阅凭证后的附件，发现信息中心采购的时候填写的数量都是"一批"，且规格型号和仓库里的服务器是一样的。小张有点丈二和尚摸不着头脑。

于是小张将情况反映给李姐，李姐询问信息中心后得知，公司又在上个月采购了 2 台服务器，供应商以为需要重复开票。信息中心也解释说，采购的时候并不会到仓库中查看库存，而信息中心的设备管理员总是收到技术人员抱怨服务器配置低的反馈，于是认为只有采购最新的服务器才能满足技术开发的要求。经过盘点发现，近一年买入 5 台总价值 10 万元的服务器，只需升级一部分硬件就能完全满足技术要求，而信息中心上个月又采购了 2 台总价值 8 万元的服务器，给公司造成了不小的浪费。

💡 分析

本案例中，问题出现的原因一方面在于在固定资产的采购过程中没有人想到要先盘点仓库的现有资产；另一方面在于设备管理员出于怕麻烦的心理，宁可采购最贵的资产，也不愿意对现存资产进行更新改造，这种"买贵的，不买对的"的心理造成了资金浪费。

从案例中可以看出，丁科技公司固定资产的日常管理比较混乱。采购流程中，财务人员本可以在采购前提醒相关人员先盘点现有资产，进而掌握资产情况，却并未提醒，且还在账务中将"一批"资产按原值折旧，可见财务部门未能在日常管理中建立起固定资产卡片式管理的相关制度。

若不是小张出于职业敏感发现了问题，随着时间推移，丁科技公司的固定资产支出不仅会严重浪费资金，而且必将出现固定资产账实不符的情况，日后若修正账实不符的问题，也要花费大量人力物力进行全面清查盘点，得不偿失。

建议丁科技公司从固定资产采购流程、财务部门入账规范、固定资产日常卡片式管理、定期清查盘点等方面入手改进，在事前申请流程中加入对现有资产数量及情况的盘点和评估，依据盘点结果决定申请购买的数量、规格和型号。财务人员在付款后，要求供应商及时开具发票并核对资产到货验收情况。资产入库后，由财务人员给出固定资产编号及相关信息，制作资产铭牌贴于资产表面，同时填制明细清单，作为之后折旧账务处理和定期盘点的依据。

5.2.4 固定资产日常管理的关键控制

1. 确定日常管理的部门职责

明确资产的领用部门、资产记录部门和管理部门的职责和权限，相关部门在日常工作中需互相制衡。中小企业需明确指定管理部门，通常可以将管理部门的职责合并到使用固定资产较多的部门中，此时财务部门就需要发挥更多作用，建议由财务部门负责资产记录，以起到财务监督作用。

领用部门申请领用固定资产时，需填制"固定资产领用申请单"（参考第112页，表5-3），向固定资产管理部门提出领用申请，经领用部门负责人、资产管理部门负责人及财务部门审核通过后，领用部门才能领用该固定资产。若固定资产日常存放于仓库内，还需由仓库管理员记录出入库台账。固定资产领用申请单一式三联，一联交给仓库或领用部门保管，一联交给资产管理部门留档，一联交给财务部门更新卡片台账。

2. 卡片式管理

固定资产一般采用卡片式管理，即采购完成后，每项固定资产做一个单独的卡片，卡片内容包括但不限于：入库时间、使用时间、资产编号、资产类别、资产名称、资产规格型号、计数单位、领用部门、使用状态、管理部门等。财务部门可将卡片信息登记整理成明细清单，作为日常管理的备案文件。卡片可制作成金属或纸质标识，贴示于固定资产表面，使资产情况一目了然。

注意：在日常管理中，固定资产一旦发生频繁调动或存储地点变更，则传统将金属或纸质标识贴示于固定资产上的方法，易导致卡片台账无法及时更新。随着科技的发展，一些软件和系统已经可以做到扫码实时反映资产地点和卡片信息，中小企业的财务人员可根据企业现状、规模及日常经营特点，判断是否引入此类软件或系统。

3. 资产调拨

采购固定资产前，需先评估公司中现有的闲置固定资产是否可满足需求，若满足需求即可调拨，若不能满足需求再进行采购。部门之间、公司之间因固定资产配置变化而发生的采购或调拨，由资产需求部门发起。

财务部门负责编制统一规范的调拨申请文件，即"固定资产调拨申请单"（参考第 113 页，表 5-4）。资产调拨由有需求的业务部门填制调拨申请文件发起申请，由资产调出部门审核，由财务部门复核，由业务部门负责人审批，审批通过后才能调拨资产，以避免出现资产流向不清导致账实不符的情况。验收及出入库流程按正常出入库流程办理，相关表单用作调拨账务处理的附件。

4. 定期盘点

中小企业的固定资产可能不会很多，因此可每季度或半年盘点一次，但每年至少要全面盘点一次。财务部门负责制作"固定资产盘点表"（参考第 114 页，表 5-5），并将表单交由资产管理部门或业务部门进行盘点，盘点工作须符合财务部门的盘点时间及盘点要求，财务部门可以监盘。

财务部门获得盘点结果后与账面进行核对，若有盘亏或盘盈，需向资产管理部门或业务部门询问具体情况，要求资产管理部门或业务部门详细说明差异原因，并将结果递交至业务部门负责人和财务部门负责人处审批，按审批意见进行账务处理。一定金额以上（参考表 5-2 所定金额）的盘亏或盘盈，需报送上一级管理层审批，财务部门按审批意见进行账务处理。

注意：对于与外部合作获得租赁的固定资产，其管理方式不会因取得形式的不同而发生改变。相反，财务部门应与业务部门沟通，更严格地管理此类资产，避免因丢失或盘点不清导致赔付损失。

5. 闲置固定资产的管理

闲置固定资产需集中妥善存放在仓库中，也需纳入明细清单及盘点范围，盘点表上需明确反映其实际状态。

5.2.5   固定资产维修和处置的关键控制

1. 资产维修 / 维保

由有需求的业务部门填制统一规范的维修申请文件并交至资产管理部门和财务部门审核、业务部门负责人审批，同时抄送采购部门，审批通过后才可准许维修。若需选择维修供应商，则由采购部门审核，进入筛选采购供应商环节和后续采购环节，合理选定新供应商或原有供应商进行维修。

注意： 财务部门在进行资产维修或维保的账务处理时需与相关部门沟通，判断此项账目是采用资本化处理还是费用化处理。

2. 资产处置 / 变卖

固定资产损坏或残值为零后，需对其进行处置。一般来说，资产对外变卖相对于其他物资，其处置价格较高一点，财务人员要加以关注。财务部门编制"固定资产处置申请单"（参考第 115 页，表 5-6）交至公司资产管理部门，该申请单可在报废资产时使用，由业务部门填制并交由业务部门负责人核准，确认资产达到报废状态后，再交采购部门，使其选定废旧物资供应商，最后提交至财务部门备案。一定金额以上（参考表 5-2 所定金额）的资产或某些特定的资产报废前，还需业务部门负责人或总经理审批后，由资产管理部门处置该固定资产。

注意： 一般来说，处理大型或专用的固定资产时，采购部门选择和评估供应商所耗费的时间较长，使得待处理的资产存放时间较长，故应将待处理资产统一存放在仓库或指定地点，避免其丢失或被私下变卖。同时，财务人员需监控处置进度，确认处置收益是否进入财务部门指定的公司对公账户，避免处置收益被个人截取。

5.2.6　账务管理的关键控制

1. 固定资产的卡片式管理

财务账上的固定资产明细必须与业务实际盘点表中的内容保持一致，必须达到账实相符。

财务账面上以卡片形式管理固定资产，而卡片中除了明细清单的字段外，还要有原值、净值、残值、折旧率、折旧年限等信息字段作为固定资产折旧及相关科目的处理依据。

注意：固定资产的卡片台账一般作为财务记账的表格，表格内信息较为复杂和完整。财务部门根据固定资产卡片台账，可删除与某些资产管理部门无关的字段，如残值率、残值金额、折旧额等，将删除后的表格信息交由资产管理部门进行日常管理。

2. 调拨／盘点／处置／维修

财务部门依据单据中的审批痕迹及最后处理结果进行账务处理，若有调整，需向财务部门负责人申请，按照财务部门负责人的审批意见进行调整。

（1）资产调拨：某些资产在调拨运输至调入单位时，会与调拨单上的申请时间产生一定的时间差，在账务上进行资产卡片调拨的处理时，需在公司的会计政策中规定统一的资产调拨处理原则，否则可能会因为调拨后的折旧额影响账面利润。

（2）资产盘点：财务部门可根据公司拥有的不同性质和种类的固定资产，针对性地要求资产管理部门和资产使用部门采取月／

季/半年/年的频次进行盘点，但需至少每年进行一次全面盘点，财务部门进行监盘或不定期抽盘。定期盘点的不仅是为了核对实物数量和价值与账面上的是否一致，也是为了发现固定资产在日常使用和管理过程中可能存在的问题。

（3）资产处置：财务部门在资产处置时需监控处置进度，保持职业敏感性，检查是否出现资产未能处置但又新增了同样资产的情况，要与资产管理部门和资产使用部门保持紧密沟通。

（4）资产维修/维保：针对资产维修或维保的会计处理，需判断其是采用资本化处理还是费用化处理。建议在公司的会计政策中规定统一的会计处理原则，避免账务处理出现差异。

案例 5-2　固定资产管理混乱影响贷款抵押

戊公司是一家生产制造型企业，年收入 2 000 万元左右。2020 年，因疫情影响，该企业总经理李某发现同行的生产制造型企业几乎销声匿迹，于是便将公司扩张事宜提上了日程。

在与管理层和股东紧锣密鼓地巡视、对接了几个老厂房后，李某基本敲定了两个厂房，但搬迁费、拆除费、翻新费、设备改造费等费用预计总共上千万元，于是李某决定向银行申请贷款。银行评估了公司的总体情况，建议李某用固定资产做抵押贷款。

然而当银行人员来查看固定资产时，公司的钱会计却突然懵了，因为折旧费是按生产线固定比例计算的，每个月只有估算的折旧总数，并没有明细数据，之前采购和施工的原始文件也早已不知去向。银行人员无法操作，只能让钱会计先理清楚公司到底有多少固定资产。

为此戊公司兴师动众开始调查固定资产，等到 2021 年 1 月终于调查得差不多了，钱会计却发现不需要银行贷款了。原来人们在备品备件仓库中找到了两套完整的机床零件，又在小仓库中找到了一批未使用过的电脑和桌椅。经过几个部门评估判断，只需要将李某看中的老厂房里的机床稍作加工，并把办公室稍微翻修一下就可搬迁、生产了。

 分析

此案例中，戊公司为获得银行贷款绕了一大圈，延误了扩张的脚步，这一方面反映了戊公司在采购时毫无计划，另一方面反映了戊公司忽视了对固定资产的日常管理，而根本原因在于公司管理较为粗放。固定资产不同于原材料或其他物资，它的价值较高，且会在很大程度上影响日常生产和经营。因此在采购固定资产时，流程和文件必须规范、清晰，且各部门要知情、备案。日常管理中，公司需派人定期清查和盘点资产情况，以卡片形式细化管理固定资产。财务人员要联合资产管理部门建立资产明细清单，明确资产使用部门和资产管理部门的责任，要求资产管理部门每年对固定资产至少进行一次盘点，财务部门监盘，确保账实相符。

案例 5-3　固定资产投资缺乏有效管理导致损失

江苏某能源集团控股子公司 YM 环保电力有限公司投资的清洁生产及生产废料综合治理项目工程尚在建设期，预计机组于 2005 年 12 月底投产发电。该项目位于某中部省区某镇外部农郊地区。项目采用在当时极为先进的封固法来处理当地化工企业产生的有毒金属废料。但在 2005 年 2 月，国务院办公厅发出《关于电站项目清理及近期建设安排有关工作的通知》，明确提出采取综合措施制止和防范违规电站建设。该项目工程没有执行国家在用地、取水、水土保持等方面的规定，存在布局不合理、用水量不足等问题，对此国家发改委于 2005 年 3 月明确发文，将该项目列为违规项目，要求停止建设。

此时，该项目建设已经投入逾 5 亿元，按原有预算，整体项目投产前预计投入在 8 亿元左右，该项目一旦建成，每年将为集团节省将近亿元的成本。目前锅炉建设、锅炉运转层等基础施工均已完成，汽机基础架正在搭设，烟囱基本竣工，主厂房浇筑等其他安装均基本完成，外围配套工程也即将完工。该项目的停建给整个集团造成了巨大经济损失。

集团还为该项目成立了单独的项目公司，成立伊始，采购权限按子公司制度执行。制度明确规定，一次性采购金额超过 30 万元的固定资产采购业务应由集团公司领导审批，低于 30 万元的固定资产采购业务由项目公司的项目经理张某负责供应商对接、价格审批和选定供应商等工作。2005 年春节后，集团公司总经理办公室接到内部员工举报，称张某先后收取某供应商回扣逾 10 万元，导致项目工程质量不达标，设备材料成本比市场价格高 30%。集团公司随即成立专项调查小组，查明张某采取多次小额购买该供应商物资的形式，绕过"超过 30 万元由集团公司领导审批"这一规定，在 2004 年就与供应商私下达成交易，供应商每完成一次采购交易返还张某 1 000 ～ 3 000 元。至 2005 年，张某共计向该供应商购买了 450 万元的固定资产设备，致使整个建造项目平均成本高于市场价格近 5 个百分点。

 分析

　　此案例中，集团公司投资该项目的目标是向环保能源产业逐步转型，然而其固定资产在投产前的可行性分析阶段和编制预算阶段仅考虑了投资项目资金回报期等经济型指标，并以此来判断项目是否可行，并未考虑到产业政策等外部因素的影响。企业的外部信息收集和沟通机制失效，导致政策变化使整个项目投资打了水漂。建议企业在投资建设固定资产项目之前，充分调研国家相关产业和经济政策、行业变化动态、竞争对手发展情况等信息，作为可行性分析决策的参考内容。

　　另外，该案例中的项目经理张某对固定资产采购的权限过大，公司仅对超过 30 万元的采购作了明确规定，导致小于 30 万元的固定资产采购在供应商选择、采购申请和审批等多个重要环节上的权力过于集中，对张某未能进行有效的不相容职务分离，给张某留下了"将大额拆分为多笔小额"来绕过原有审批流程的可乘之机。建议集团公司对项目公司的采购审批细则和供应商管理等与采购相关的权限加以明确，项目经理采购部分重要物资必须向集团公司提出申请，得到批复才准许采购。同时对项目公司的采购流程也要进行梳理，采购申请和供应商选择等流程要经过项目公司的项目需经理、财务部门、副总经理的充分审核，一定金额以上的采购项目需经由集团公司相关权限的人员审批。此外，集团公司还可对项目公司进行定期或不定期的实地检查或审计，及时发现项目执行过程中的偏差并采取改进措施，以减少项目中不必要的成本支出。

5.3 常用工具表单

5.3.1 固定资产领用申请单

表 5-3 固定资产领用申请单

固定资产领用申请单							
部门申请人		领用部门			领用日期		
领用事项描述							
领用资产明细							
序号	资产编号	资产名称	规格型号	单位		数量	用途
审批栏							
领用部门负责人		审批意见			日期		
资产管理部门		审批意见			日期		
财务部门		审批意见			日期		
注：本单据一式三联：仓库或领用部门、资产管理部门、财务部门各一联。							

5.3.2　固定资产调拨申请单

表 5-4　固定资产调拨申请单

固定资产调拨申请单										
调入部门申请人		调入部门			日期					
调拨理由										
调拨资产明细										
序号	资产编号	资产名称	规格型号	单位	数量	原值	使用日期	使用年限	折旧年数	备注
审批栏										
调出部门负责人		审批意见				日期				
调入部门负责人		审批意见				日期				
财务部门		审批意见				日期				
总经理		审批意见				日期				

注：（1）本单据一式三联：调入部门、调出部门、财务部门各一联；（2）资产原值金额≥10 万元，需由财务部门经理、总经理审批。

5.3.3 固定资产盘点表

表 5-5 固定资产盘点表

固定资产盘点表

盘点时间					盘点单位							
序号	资产编号	资产名称	规格型号	购置日期	使用人（保管人）	存放地点	资产现状				与账面核对结果		备注/详细说明
							在用	闲置	待报废	其他	账实相符	盘盈	盘亏	
盘点人		日期		监盘人		日期		单位负责人审核				日期	

5.3.4　固定资产处置申请单

表 5-6　固定资产处置申请单

固定资产处置申请单					
申请部门		申请人		申请日期	
资产编码		资产名称		规格型号	
购置日期		原值		累计折旧	
净值		使用年限		存放地点	
申请处理方式	□ 出售	□ 损坏报废		□ 外借、出租	□ 其他
处理原因					
处理方案					
审批栏					
使用部门负责人		审批意见		日期	
资产管理部门负责人		审批意见		日期	
财务部门负责人		审批意见		日期	
总经理		审批意见		日期	

注：（1）本单据一式三联：使用部门、资产管理部门、财务部门各一联；
（2）对外变卖前，需交采购部门询价走采购流程。

06 | 日常资金管理中的
风险与内部控制

6.1 日常资金管理中的常见风险

日常资金管理中的常见风险主要包括：

（1）未能妥善保管资金，导致资金失窃或产生舞弊行为。

（2）随意坐支款项，导致资金去向不明。

（3）未能准确记录资金，导致账实不符。

（4）随意支付，无适当监管或审核，导致资金损失。

6.2 日常资金管理中的核心控制

6.2.1 重要职务分离

日常资金管理中的重要职务分离，如表 6-1 所示。

表 6-1　日常资金管理重要职务分离

业务	不相容职务 1	不相容职务 2	不相容职务 3	不相容职务 4
收款	收款	记录 / 记账	监督 / 检查	—
付款	申请	审批	付款	记录 / 记账
票据使用	申请	审批	记录 / 记账	监督 / 检查
银行账号	申请	审批	记录 / 记账	监督 / 检查
银行 U 盾	申请	复核	—	—
银行存款 / 现金 / 票据余额等核对	核对	复核	记录 / 记账	监督 / 检查
保险箱	密码	钥匙	—	—

6.2.2　授权体系

日常资金管理的授权体系参考"公司日常资金管控权责表",如表 6-2 所示。

表 6-2　公司日常资金管控权责表

关键事项	发起部门	输出成果	部门 / 岗位							
			业务部门	财务部门会计	财务部门主管	财务部门经理	分管副总	总经理	出纳	资金主管
银行开户 / 变更 / 销户	财务部门	银行开户申请单、银行账户变更申请单	备案	备案		1	▲		申请	

（续表）

关键事项	发起部门	输出成果	部门/岗位							
			业务部门	财务部门会计	财务部门主管	财务部门经理	分管副总	总经理	出纳	资金主管
银行U盾/密码	财务部门	—	复核						支付	复核
资金划转/调拨	财务部门	资金调拨申请单				备案（≤10万元）	备案（>10万元）		划转	复核
资金理财产品	财务部门	理财项目申请单	1	2	3	4	▲			申请
保险箱	财务部门	—				密码			钥匙	
票据业务	财务部门	票据登记簿				备案	▲		申请	1
收付款方式变动	业务部门	申请邮件/情况说明	申请	1		▲			备案	备案

符号解释："1/2/3/4"表示申请后的流程顺序；"▲"表示最终批准权。
注：该表为公司管控权责表的下一级，即部门管控权责表。

6.2.3　收款的关键控制

1.统一收款方式

财务部门应与业务部门沟通，要求业务人员尽量只采取一种收款方式，如销售业务只能采取对公转账至公司账户的收款方式，不得收取票据或现金。

部分需灵活处理的业务，如资产变卖处置收益或客户要求等情况，导致只能采取对公转账以外的方式收取款项的，业务部门要尽可能提前告知财务部门，以便财务部门提前评估出安全高效的收款方式并制定标准格式的表单用以记录，以及考虑如何对账。财务部门应将评估结果尽快告知业务部门，支持业务开展。财务部门在收到款项后要及时记录，并复核款项金额与业务信息是否一致。财务部门需定期监控和分析灵活收款业务发生的频次、金额、收款方式、处理时间、对接部门、客户名称等信息，并出具报告交至业务部门负责人，告知情况并给出建议。财务部门应尽可能协助业务部门将需要灵活处理的例外事项变成常规业务。

2. 关注应收账款的周转天数

财务部门编制资金计划表时，可通过结合应收账款的周转天数等收入指标来定期（周/月/季）分析资金回款速度，结合业务部门提交的付款申请和其他待支付费用来综合预估和判断公司资金健康程度，并形成"资金变动分析月报表"（参考第138页，表6-3），提交业务部门负责人和财务部门负责人审核。若发现收款速度变慢的情况，财务部门需及时要求销售部门催款或协助催款。同时，财务部门要与销售部门分析收款速度变慢的原因，找出销售管理中的问题并提出解决方案。

6.2.4　付款的关键控制

1. 统一付款方式

财务部门需规定公司各部门采取统一的付款方式，如采购业务只能对公转账，不得使用票据或现金支付。

若要使用其他付款方式，业务人员需对情况进行详细说明并经过业务部门负责人、财务部门负责人批准后方可变更付款方式。通常来讲，变更付款方式后，财务部门需要时间来重新评估，评估内容包括但不限于：付款方式是否安全高效、记录表单的格式是否标准、如何进行对账等，然后要将评估结果告知业务部门以便取得外部供应商的理解。考虑到该过程所需的时间，建议业务部门尽可能提前与财务部门取得联系，寻求付款建议，不要在与财务部门沟通前就向对方承诺付款方式和付款时间。财务部门在付款后及时记录，并复核款项金额与业务信息是否一致。

财务部门编制统一的付款单据，交给业务部门填制并申请付款，单据由业务部门负责人审核后，交财务部门审核。财务部门的审核要点包括但不限于：业务发生的逻辑性与合理性，业务部门负责人的审批结果及批语，付款方式、金额、供应商等信息与原有协议的一致性，业务是否达到可付款标准等。

财务部门编制资金计划时，应结合供应商账期、预付款项和应付款项付款日，以固定频次（周／月／季）定期分析预测资金流出速度，再结合资金流入速度进行比较，评估资金流的健康程度，填制"资金变动分析月报表"（参考第 138 页，表 6-3）并提交至财务部门负责人和管理层审核。

2. 付款前的审核流程

财务部门协助业务部门制定付款审批流程，一般来说，流程需满足五个原则：一是全面性：要尽可能涵盖所有业务部门的所有付款业务。二是成本效益性：付款流程应尽可能高效，避免审核人员过多，要保证付款的效率。三是适用性：财务部门需与各业务部门的负责人充分沟通，就其编制的付款表单以及审核流程达成一致意见，并获得总经理的批复。四是制衡性：财务部门在付款流程中负责审核。五是重要性：考虑将一定金额以上或重要事项的付款交由管理层审批，对于一定金额以下或不重要的事项，管理层可授权该业务的部门负责人审批。

公司所有的业务付款均需按照标准流程执行，同时应保持一定的灵活性。若存在例外事项或特殊付款事项，业务部门至少在最终支付日前的 2 ～ 3 个工作日与财务部门对接，沟通商讨解决方案以顺利付款。

若非必要，尽可能将总经理审批环节放置在部门负责人的审批环节之后、出纳人员的付款之前（即最终支付环节之前），以免总经理角色在审批环节中过早出现，影响后续审批人员的专业判断。

付款流程还需基于公司组织架构和人力情况考虑流转效率。财务部门需提前与业务部门沟通以下两点：第一点，财务人员在所有付款前进行财务审批，因此应预留出一定的审批时间，业务部门需至少提前 3 ～ 5 个工作日申请付款；第二点，对于存在疑问或不确定的事项，业务部门应尽可能在业务开始前与财务部门进行沟通并达成一致意见，避免在付款时引起误会，导致审批效率降低，影响付款进度。

3. 控制付款节奏

1）资金付款计划

业务部门编制周度或月度资金付款计划（预算），汇总至财务部门。财务部门根据付款事项合理安排资金支付日，若发现资金流的流入（销售收入）过慢，造成资金付款压力，需及时报告财务部门负责人，并与业务部门沟通延期支付不重要的供应商款项，同时要求销售部门尽快向客户催款，财务部门协助销售部门提高回款速度。

注意：针对应收账款，财务人员通常采用应收账款的天数、次数、频率等指标；针对应付账款，财务人员通常采用供应商账期、应付账款周转率、预付账款周转率等指标。无论何种指标或公式，都要从多角度进行分析，将复杂问题简单化，将资金的流入和流出还原到每周、每月或每季度的现金预测中来考察资金流的动态表现，测算公司资金的收支平衡点，一旦发现资金流入小于流出的情况呈现长期趋势，立刻提醒管理层采取措施避免资金流断裂，并从财务角度给出专业建议及解决方案。

2）按供应商账期付款或分批付款

财务部门协助采购部门及相关业务部门建立付款台账，记录和管理合同中已支付和待支付的有账期的款项。中小企业如不具备自动排期支付功能的软件，财务部门要与业务部门沟通，要求业务部门定期按照台账记录提交付款申请，财务部门付款后及时更新台账。

3）控制供应商的无账期付款

财务部门设立支付频次标准并与业务部门沟通后执行。中小企业的财务部门付款事项集中在人数较少的出纳岗位，因此各类资金支付都需提前安排，以免发生延期支付的情况，影响业务开展。业务部门在填制付款申请单时，需标注到款日期和紧急程度，财务部门视情况安排支付。

4）控制各项费用报支

一般情况下，公司员工的报销不提前支付，仅按照财务部门规定的标准频次支付，财务部门可规定在 7 ～ 10 个工作日内支付报销款项。但若预期延后支付，财务部门需与相关部门沟通延期支付的时间及延期的具体情况，以免影响各部门的业务开展。

6.2.5　票据类业务的关键控制

1. 票据收付和作废记录

1）票据收付

票据种类包括支票类、汇票类等，财务人员应将其视同现金进行管理。出纳人员收取票据时，需及时至银行验证真伪，并在《银行承兑汇票登记表》（参考第 139 页，表 6-4）中登记，定期发送至财务部门负责人备查。出纳人员支付票据前需得到财务部门负责人的审批同意，并及时记录在登记簿中以备后查，同时留存票据存根联。财务部门的会计人员在月度结账前复核时，将存根联作为记账凭证附件保管。

考虑到收付的安全性以及为了避免纠纷、降低成本，财务部门可与业务部门沟通，让合作方尽可能使用公司银行转账等形式收款或付款。

2）票据作废

票据作废时，出纳人员在票面及存根联处加盖作废章，并登记于票据管理台账，保留存根联。财务部门的会计人员在月度结账前进行复核时，将存根联作为记账凭证附件保管。

2. 票据日常保管

要将票据视同现金，日常保管于公司保险箱内，密码和钥匙分离保管：钥匙由出纳人员保管，密码由财务部门负责人保管。

3. 票据印章保管

将签发票据涉及的法定代表人章和财务专用章实行实物分离保管；公司公章和法定代表人章也实行实物分离保管。总经理可签发书面授权书授权不同的业务部门保管公司公章和法定代表人章。

日常保管时，可将票据印章存放于柜内或保险箱中，使用前需由申请部门填写申请事由并盖章，保管部门审核后加盖印章并登记使用记录。

注意： 中小企业因人力有限，故常由同一个部门保管公司的相关印章，这种做法存在一定的风险。建议由总经理保管公司公章和法定代表人章。常有总经理要求财务部门保管所有重要印章，这种情况下，财务部门需与总经理沟通，让总经理保留其中一个。

4. 票据定期盘点

票据与现金一样，需定期盘点。财务部门的出纳人员负责盘点，会计人员进行监盘及复核盘点结果，若出现差异必须及时查找原因并详细说明差异情况，盘点结果交由财务部门负责人审核并确认。

案例 6-1　会计人员私开支票涉嫌职务侵占

己公司是沿海地区的一个中型贸易公司，主营业务是沿海地区的小商品出口，公司的规模逐年扩大。阿松在己公司任职财务部门主管，去年被己公司派往佛山分公司担任财务部门经理一职，兼任会计和出纳，既管钱又管账。

阿松负责分公司的原材料采购及各类费用的支出，为图方便，公司便把财务专用章和法定代表人章都交由阿松管理。2018 年 12 月，阿松迷上网络赌博，将目光瞄向了公司的银行账户。

2018 年 12 月中旬，阿松开始通过私自盖章伪造转账支票的方式尝试转移资金。一开始数额较少，发现公司没有反应后，阿松便一发不可收拾。截至 2019 年 4 月 24 日，阿松先后挪用公司资金超过 200 万元，将其全部用于网络赌博并挥霍一空。2019 年 7 月下旬，分公司总经理查看银行账户，发现资金几乎见底，于是向警方报案。隔日，阿松向警方自首。

🔅 分析

本案例中，一方面，己公司在设置分公司财务部门的架构时，未能将会计与出纳职务进行分离，埋下隐患；另一方面，分公司在日常管理中为了贪图方便，将支票及支票印章全部交由阿松一人保管，给阿松的舞弊提供了机会。

若分公司能将支票和支票印章交由不同人员保管，阿松不会如此轻易就能够私开发票转移资金；同时，若能安排另一人每月核对银行资金与账面资金余额，也不会过了如此长时间才发现阿松的舞弊行为。

企业管理松散是中小企业管理的通病，企业切记不能为了贪图日常操作的便利就忽视对资金管理的内部控制。

6.2.6　银行存款的关键控制

1. 银行账户及分支机构授权

1）银行账户的开户、销户与变更

财务部门统管公司所有的银行账号。出纳人员需填制"银行开户申请单"（参考第 139 页，表 6-5）申请银行开户，或填写

"银行账户变更申请单"（参考第140页，表6-6）申请银行账户的销户与变更，并交由财务部门负责人审批后执行。财务部门的会计人员或主管人员负责备案。中小企业对银行账户的管理须谨慎。一方面，银行账户作为公司与银行的业务展开起点，会渐渐变成公司的重要资源，影响公司长期的资金管理和规划；另一方面，银行账户过多、过少，或长时间不使用，不利于资金的归集和日常管理。因此对银行账户的管理不仅需要满足目前的经营需求，也需要考虑企业日后发展的资金安排。

2）分支机构的账户管理

企业总部财务部门统管银行账户，应从分支机构处收回银行预留印章与开户必要文件。分支机构财务部门仅能接受总部财务部门的指令，协助总部在当地开户，并且在规定时间内上交所有材料至总部财务部门，总部财务部门评估分支机构的日常资金管理情况后，再将银行U盾及相关资料发放给分支机构。

3）资金调拨

建议由总部财务部门统管资金调拨。总部财务部门编制统一规范的表单交由分支机构的财务人员填制申请，分支机构的财务部门负责人审批后提交至总部财务部门复核，复核通过后由总部出纳人员调拨资金，也可以由总部财务部门统一管理资金调拨：总部财务人员申请，总部财务部门负责人审批通过，总部出纳人员进行调拨。上述两种情况中，总部出纳人员完成资金调拨后，都需在财务部门会计处备案。

2. 银行U盾和密码的保管

网上银行的密码和实物介质须分离保管。登录密码交由出纳人员保管，交易密码交由财务部门负责人或资金主管保管。

网上银行账户的 U 盾一般有两个，用于申请支付和支付复核。两个 U 盾交由财务部门不同员工分别保管，一般由出纳人员保管申请支付的 U 盾，由会计人员或资金主管保管支付复核的 U 盾。

3. 银行余额的复核

每月结账前，财务部门的会计人员或管理其他账户的出纳人员进入银行账户，导出银行流水明细单和余额表，与账面进行复核，检查账面金额与银行账户上的实际金额是否一致，若不一致则需查明详细原因。复核结果交由财务部门负责人审核。

4. 日常监控方式

1）短信提示

企业可开通网银转账的短信提示业务，用以提示总经理或财务部门负责人关于账户资金的日常收付情况，对较大金额的资金进出，总经理或财务部门负责人应记录并加以关注。

2）不定期抽查

财务部门的会计人员需对现金、票据和银行账户余额进行不定期抽查，若发现差异则查明详细原因，记录检查结果，并交由财务部门负责人复核。

3）定期轮岗

在人力资源充足的前提下，出纳人员可与财务部门其他岗位人员定期轮岗，以便及时发现可能存在的问题。

案例 6-2　出纳人员私转银行存款涉嫌职务侵占

2018 年至 2020 年，李某在山东泰安某大型地产集团公司的分公司任职出纳。任职期间，李某利用职务便利，将集团公司的两个银行账户的资金共 4 800 余万元转到自己的个人账户中，用于打赏主播、吃喝玩乐，将这笔巨款挥霍一空。随后李某被检察机关提起公诉，虽有自首情节，但仍被判处有期徒刑 12 年。这件事令人震惊之余也让人好奇，他是如何办到的呢？

2018—2019 年，分公司前任财务人员按集团公司财务要求，协助开通了两个银行账户以办理当地业务，离职时便将两个网银账户的全部 U 盾（共计 4 个）交接给李某。李某掌握了这 4 个 U 盾，即掌握了网银账户所有资金的转移权，这给李某留下了可乘之机。

李某利用分公司的 SAP 企业管理系统向集团资金池申请资金下拨，资金下拨由系统自动审批，没有金额限制，也不需要分公司领导审批。李某将申请的资金转入自己掌握的网银账户，再挪到自己的银行账户。通过此种方式，李某私转公款共计 2 600 余万元。2019 年 5 月，公司修改了资金划转流程，通过资金划转流程来挪用资金的方法行不通了，然而李某很快又发现可以通过 SAP 系统修改分公司下属十几个项目公司的资金下拨单，于是他将项目公司的小额资金（5 万元以下）下拨中的金额数字篡改成大额资金，并将下拨单中的收款单位修改为自己掌握的两个公司账户。一般来说，项目公司的账户有很多资金，集团调拨资金缺少 5 万元或 10 万元并不会引起关注。李某利用该手法，将下属十几个项目公司的 117 个账户变成了自己的"金库"。

根据李某描述，他的上级领导在检查银行余额和 SAP 系统余额的时候，只看截图，于是李某用修图软件稍微将截图修改一下就过关了，后续也没有人提出异议。

但纸终究包不住火。2020 年 4 月，李某从自己掌握的公司账户中向自己的银行卡转账，单笔金额超过 50 万元，被银行发现。因银行内部有规定，超过 50 万元的转账要向公司进行复核，于是李某的违法行为最终暴露。

 **分析**

在本案例中，造成公司重大损失的根本原因在于集团公司的资金日常管理十分松懈，是较为典型的"小洞不补，大洞吃苦"。该公司资金管理的内部控制问题主要体现在以下几个方面。

第一，在资金管理业务中，不相容的职务没有分离。李某的主要手法是通过持有两个网银的 U 盾转出公司账户里的资金，不同功能的 U 盾若没有被分别保管，则资金会面临极大的安全风险。不过即便做到了不相容职务分离，也不能杜绝风险。因此要采取定期或不定期的检查，例如，由企业总部的财务部门盘点分支机构银行的 U 盾和银行账户，以便及时发现问题。

第二，上级公司在日常管理中未能有效管理分支机构的高风险事项。上级公司财务部门要求下属机构开通地区银行账户是高风险事件，若上级公司失去对分支机构银行账户的管理，可能导致集团公司资金体外循环（即收入和费用不入账的情况）或被当作个人和部门的"小金库"，导致经济损失。该案例中，集团公司要求分支机构在当地办理银行账户后，没有及时向分支机构的财务人员追要相关开户资料，未能做到闭环管理。建议集团公司财务部门要求分支机构在当地办理银行账户后，在规定时限（如

3～5个工作日）内上交所有银行开户材料，并由集团公司财务部门复核后，酌情将必要资料交还给分支机构的财务人员，以便其在上级公司的授权范围内对该银行账户进行日常管理。

第三，在公司建设信息系统的规划阶段，系统的各项功能必须与公司实际的业务流程和管理模式相匹配。本案例中，公司的资金划转和调拨环节无人审批，且近一年都无人发现，李某"碰巧"就利用了这个漏洞。一年后，系统的资金划转和调拨流程有更新，却无人检查与复核，公司只是对漏洞"顺便"打个补丁就完事。

第四，李某作为分支机构的出纳人员，系统权限太大，不仅能够向集团申请资金调拨，还可以修改下属项目公司调拨单的信息。建议公司在维护系统时，先对现有业务情况和业务流程进行调查，对于业务流程、系统功能或账号权限不符合实际管理情况的，系统主要使用部门不予验收。随着实际情况不断变化，系统相关使用部门也需不断地对系统的功能进行监控和反馈。

第五，复核系统余额与银行账户余额的操作不到位。若李某的上级领导能够直接进入银行账户获取余额账目，并与系统中的余额进行核对，而不是仅要求李某提供银行余额截图，那么李某的舞弊行为可能早已暴露。

综上可见，资金管理的内部控制是企业管理的重中之重，然而却往往被中小企业的管理者忽视。因此，企业管理层和财务人员需在事前就对部门岗位的权限、职责、业务流程处理等信息加以重视，在事中对业务加以监控和复核，在事后安排其他岗位人员进行复查，或定期进行专项检查、反馈和改进。

案例 6-3　为何聪明的财务人员敌不过可恶的骗子

2021 年 5 月 24 日，上海市杨浦区某公司会计人员苗小姐同往常一样到单位上班，刚打开电脑便收到两封邮件，内容均是要求其加入某聊天群商谈工作。由于老板常年在国外，邮件是他们之间最主要的沟通途径，所以见到落款是老板姓名，苗小姐立刻按照邮件指令加入聊天群，群名分别是"工作安排"与"办公"。由于群成员均有备注名，苗小姐发现"工作安排"群内有老板和老板娘，"办公"群内则是老板与公司的一名股东。在老板的不断要求下，苗小姐将公司出纳人员田小姐也拉入群中。期间，老板在两个群内与他人交流不断，内容均是大额资金的交易往来，时不时还会发转账截图，并要求田小姐提供余额明细。尽管是大额转账，但苗小姐和田小姐并没有觉得不妥。就这样，短短几分钟，数百万元便从公司账户转出。

直到接到上海市公安局反诈中心监测预警电话，苗小姐与田小姐才意识到自己已经受骗，两人急忙赶到派出所报案。经过警方的不懈努力，最终成功止付 200 余万元，其余钱款正在进一步追查中。

分析

近年来电信诈骗集团越来越猖獗，上市公司的财务主管都会被骗个百八十万。为何"聪明的"财务人员却屡屡上骗子的当？因为骗子们在"赌"中小企业的财务人员不懂得内部控制，不熟悉公司的各项业务流程。

　　首先，此类诈骗手法一般是骗子利用各种手段取得公司人员的通信软件账号、邮箱账号或者电话号码，然后冒充某一管理人员与公司财务人员取得联系，先模糊财务人员的"视线"，取得一定信任之后，再虚构某类公司业务，要求财务人员汇款。这时，财务人员若是不清楚公司业务流程，自认为管理人员绕过业务流程向财务人员发起汇款或转账要求是正常的操作，从而将公司款项转出，那就只能被骗子"牵着鼻子走"了。

　　其次，该公司的管理层在设定或执行付款流程时存在漏洞，建议按照以下措施设定付款或转账流程：第一，对于管理层在国外而实体经营在国内的企业，付款流程作为高风险事件需设置多个关键控制点，如出纳人员在付款或转账前，要得到管理层的邮件、私信或视频等形式的批复，群内聊天记录杂乱且无序，不能作为审批或指令的依据。若是没有邮件、私信或视频等形式的批复，财务人员应主动同管理层取得联系，验证业务的真实性和目的。第二，公司内部通告传递信息需使用标准格式的表单，并对员工进行相关培训，避免因个人理解偏差导致信息错误，同样也可避免财务人员因误解导致错误汇款。

　　最后，该公司的财务人员和出纳人员的风险防范意识薄弱。案例中，骗子获取了该公司"转账由出纳人员发起，财务人员复核"这一信息，从而完成骗局。但该公司的财务人员和出纳人员缺少风险管理意识，若两人中有任何一人打电话向老板求证，这场骗局就不会成功。

　　中小企业的财务人员绝不能只做财务会计工作，还应具有管理意识，将专业知识运用到管理工作中，灵活利用内部控制的各类方法，管理好公司的资金。

6.2.7　现金业务的关键控制

1. 使用范围、使用限额与使用记录

1）限制现金的使用范围

财务部门需对公司所有现金收付业务做统一规定，如销售人员收款不得使用现金，员工报销款、供应商采购款不得使用现金等。为了让规定保证一定的灵活性，财务部门可穷举业务场景，规定可使用现金的业务。

2）限制现金使用额

财务部门可规定各业务部门使用现金的最大数额，如业务部门可申请的备用现金额不超过 3 000 元等。

3）现金收付记录

财务部门编制"现金申领单"（参考第 140 页，表 6-7）供业务部门申领现金，申领单需经过业务部门负责人和财务部门负责人审核，大额支取由上级领导审批。审批通过后，出纳人员支取现金，现金支取由出纳人员登记台账，记录内容包括时间、金额、申请人等。台账记录定期由财务部门负责人、财务部门会计人员进行复核。

2. 日常保管

现金由专人保管，日常锁进保险箱。钥匙和密码要分离保管，可由财务部门负责人保管密码，出纳人员保管钥匙。

3. 定期盘点

每月结账前，由出纳人员盘点保险箱中的库存现金及业务部门使用的现金，财务部门会计人员监盘，定期核查现金使用和保管情况，形成盘点报告，若发现异常则找出原因并详细说明，记录于盘点报告中，并将现金盘点报告提交至财务部门负责人处审核。

案例 6-4　销售人员截留现金回款

2014 年 7 月，陈某作为 MT 公司的销售人员被派驻浙江某地销售产品。MT 公司规定销售人员不得私自收取现金，货款一律以银行票据形式收取，或直接汇至公司专用银行账户。陈某在与客户的接触中逐渐发现，公司虽有收取票据的规定，但实际操作时，由于当地小作坊形式的客户较多，他们大多不具备直接转账的条件，而习惯将货款以现金的形式交给销售人员。

陈某的月薪不高，每天的生活都要"勒紧了裤腰带"，而且他还沉迷于购买彩票。此时手头能够经常收到十几万元的现金货款，陈某便起了歪心思。

虽然公司有规定，要求"业务员在收到货款后 48 小时内上交货款，待公司确认收款后再发货"，但实际操作起来却比较灵活。出于与客户长期合作的考虑，公司常常在货款未按时到账时便发货。因客户数量多且分散在全国各地，公司甚至对客户的具体名单都不是十分清楚，从销售经理到财务经理，更习惯于直接找销售人员对账。而这个管理漏洞，恰恰给陈某行了方便。

2015 年 7 月起，陈某便将私人账户冒充公司指定账户留给客户，这样，原本应汇入公司账户上的预付款项就进了他的私人账户。一年多的时间里，他从将近 30 名客户手中截留近百万元，且故意编排各种理由，不将货款上交公司，货款在陈某手中滞留超过 3 个月。

2015 年 11 月中旬，MT 公司接到浙江区域的客户电话催要设备，财务部门查阅公司银行账户，并未发现对方支付的预付款，于是拒绝发货，但客户坚称已将款项支付给陈某。陈某承认自己挪用了款项，但称此款项已用于招待客户。经过调查，陈某招待客户的次数寥寥无几，产生的招待费用与未上交的款项金额相差甚远。而陈某日常花天酒地的"豪举"，却在同事和客户间不胫而走。据某彩票店老板透露，仅 2015 年，陈某就在他的店里购买了近 50 万元的彩票。

2016 年 1 月，MT 公司搜集了陈某截留回款的全部证据，并向当地警方报案，陈某被区检察院以挪用资金罪提起公诉。

🔆 分析

本案例是一个典型的销售人员截留客户回款的舞弊案例，下面将从内部控制角度进行分析。

首先，该案例中 MT 公司对收款做了如下规定：销售人员不得私收现金；货款一律以银行票据形式收取，或直接转账至公司银行账户；销售人员收到货款后 48 小时内上交货款，公司确认收款后再发货。这三项规定看似无懈可击，但并不符合实际情况，可谓是"空头文件"。

其次，公司只有对人员行为的规定，缺少检查和违反该规定后的惩罚等相关措施，管理没有形成闭环，该规定可以说是无效的。中小企业特别容易犯这种错误，自认为有了文字规定就能高枕无忧，但在实际操作中，不仅会遇到意外的情况，执行中也往往会发生偏差。如果在关键环节不加以监控，规定就会变成"纸上的制度"。建议公司从实际情况出发制定流程制度，全面考虑所有可能存在的漏洞和执行偏差，同时在执行过程中配合有效的监控方法和检核手段。

再次，MT 公司在制度上未能将收款和确认收款进行职务分离，导致只有销售人员知晓客户的款项情况，并能自行收取。从内部控制的角度来看，最好将这两项职务进行分离，然而中小企业因组织架构尚未完善、财务部门人手不足等原因往往不能做到。建议公司在销售合同或订单上写明客户与销售人员的收款责任和义务，如"销售人员若收取客户款项，须出具一式二联的现金收款单，收款单上印有公司字样，双方核对收款无误后填制单据，销售人员和客户在收款单上签字确认。填制完成后，销售人员保存一联，拍照发送至销售经理的邮箱并抄送给财务部门；客户保存一联，拍照发送至公司财务部门的邮箱"等条款。同时，财务人员根据收到的照片监控销售人员的回款情况，确认收到款项后，公司再向客户发货。

最后，MT 公司的财务人员与销售人员进行对账，销售人员如果偷懒不交给客户核对，只是自己与自己对账，那么无人知晓对账数据是否正确。建议公司财务部门协助销售人员登记销售台账，记录销售客户的名称、地址以及合同信息、订单信息、合同金额、发货情况、收款情况、开票情况等内容。该台账定期由销售部门汇总更新后传递至财务部门，财务部门根据此台账信息与收款情况进行定期复核。同时建议财务人员定期跳过销售人员，与客户直接对账。

6.3 常用工具表单

6.3.1 资金变动分析月报表

表 6-3　资金变动分析月报表

资金变动分析月报表（　　　月）							
比较项目		实际		预算		增减		变动说明
		金额（元）	百分比（%）	金额（元）	百分比（%）	金额（元）	百分比（%）	
上期结余（A）								
收入	销售回款							
	应收票据兑现							
	利息收入							
	小计（B）							
	应付票据兑现							
支出	利息支出							
	薪资							
	水电费							
	邮电费							
	修缮费							
	差旅费							
	交通费							
	杂费							
	小计（C）							
	现金销货							
本期余出（D=B-C）								
本期结余（E=A+D）								

6.3.2　银行承兑汇票登记表

表 6-4　银行承兑汇票登记表

银行承兑汇票登记表													
序号	接收日期	汇票号码	汇票金额	出票人（全称）	收款人（全称）	签发日期	到期日期	贴现日期	转让单位（全称）	转出金额	登记人姓名	转出日期	备注

6.3.3　银行开户申请单

表 6-5　银行开户申请单

银行开户申请单					
申请人		部门		岗位	
申请日期		开户银行名称			
账户类别		开户地点		计划开户日期	
开户理由					
财务部门负责人审批意见及签名			总经理审批意见及签名		

6.3.4　银行账户变更申请单

表 6-6　银行账户变更申请单

银行账户变更申请单							
申请人		部门		岗位		日期	
开户地点		银行名称 / 账号				账户 类型	
变更项目							
变更原因							
财务部门负责人 审批意见及签名				总经理审批 意见及签名			

6.3.5　现金申领单

表 6-7　现金申领单

现金申领单					
申领部门		申领人		申领日期	
申领事由					
申领金额	（大写）			（小写）¥	
说明事项					
审批栏					
部门负责人			财务部门负责人		
出纳			财务部门会计		

07 | 费用报支管理中的
风险与内部控制

7.1 费用报支管理中的常见风险

费用报支管理中的常见风险主要包括：

（1）虚构业务费用支出。

（2）费用支出无恰当审核，随意支出。

（3）费用审核流程过于复杂或不符合业务现状，影响日常工作效率。

7.2 费用报支管理中的核心控制

7.2.1 重要职务分离

费用报支管理中的重要职务分离，如表 7-1 所示。

表 7-1　费用报支管理重要职务分离

业务	不相容职务 1	不相容职务 2	不相容职务 3	不相容职务 4
费用支出	申请	审批	支付	记录

7.2.2　授权体系

费用报支管理的授权体系可参考"公司费用报支管控权责表",如表 7-2 所示。

表 7-2　公司费用报支管控权责表

关键事项	发起部门	输出成果	行政部门	市场部门	销售部门	人事部门	财务部门会计	财务部门主管	财务部门经理	分管副总	总经理	董事长	出纳	资金主管
行政类费用 / 日常差旅费用 / 日常管理费用														
行政费用预算	各部门	行政预算申请单	汇总				1	2汇总	3	4	▲			
单笔费用＜5 000 元	各部门	费用报销单、差旅费报销单	汇总				1	2	▲				支付	复核
5 000 元＜单笔费用＜1 万元	各部门	费用报销单、差旅费报销单	汇总				1	2	3	▲			支付	复核

（续表）

关键事项	发起部门	输出成果	部门 / 岗位									
			行政部门	市场部门	销售部门	人事部门	财务部门会计	财务部门主管	财务部门经理	分管副总	总经理	董事长	出纳	资金主管
单笔费用≥1万元	各部门	费用报销单、差旅费报销单	汇总				1	2	3	4	▲		支付	复核
单笔借支<5 000元	各部门	借款单					1	2	3	▲			支付	复核
单笔借支≥5 000元	各部门	借款单					1	2	3		▲		支付	复核
市场营销费用														
市场营销费用预算	市场部门	市场营销预算申请单		申请			1	2	3	4	▲			
单笔费用<2万元	市场部门	费用报销单		申请			1	2	▲				支付	复核
2万元≤单笔费用<5万元	市场部门	费用报销单		申请			1	2	3	▲			支付	复核
单笔费用≥5万元	市场部门	费用报销单		申请			1	2	3	4	▲		支付	复核

（续表）

关键事项	发起部门	输出成果	部门 / 岗位										
			行政部门	市场部门	销售部门	人事部门	财务部门会计	财务部门主管	财务部门经理	分管副总	总经理	董事长	出纳	资金主管
销售推广费用														
销售推广费用预算	销售部门	销售推广预算申请单			申请		1	2	3	4	▲			
单笔费用＜5万元	销售部门	费用申请单			申请		1	2	▲				支付	复核
5万元≤单笔费用≤10万元	销售部门	费用申请单			申请		1	2	3	▲			支付	复核
单笔费用≥10万元	销售部门	费用申请单			申请		1	2	3	4	5	▲	支付	复核
人事招聘费用														
人事招聘费用预算	人事部门	人事招聘预算申请单				申请	1	2	3	4	▲			
单笔费用＜3万元	人事部门	费用申请单				申请	1	2	3	▲			支付	复核
单笔费用≥3万元	人事部门	费用申请单				申请	1	2	3	4	▲		支付	复核

符号解释："1/2/3/4"表示申请后的流程顺序；"▲"表示最终批准权。
注：该表为公司管控权责表的下一级，即部门管控权责表。

7.2.3　费用申请的关键控制

1. 定义不同类别的费用

财务部门需确定和区分费用的种类及归口管理部门，可从账务科目推断业务的实际情况，且必须与业务部门对费用的认知达成一致。因为业务费用支付频率高，所以应避免由于双方理解不一致而影响工作。

注意： 有些中小企业账套的科目设置过于简单，如损益类的一级科目"管理费用"下的二级科目就只有"办公费用"，没有划分其他二级科目，该有三级科目的地方也未设置，这会导致会计核算太粗略，无法反映业务的真实情况。建议企业基于其行业特点和最新的会计准则，并结合业务部门的重要费用种类，设置完整的二级科目，部分成本费用类科目细分至三级，且及时更新，保证财务科目与业务变化高度关联和匹配。中小企业的财务人员应特别注意要与业务部门对费用达成统一清晰的认识，尽量避免因财务人员和业务人员的认知不统一导致会计核算与实际费用产生差异。

2. 预算控制

基于重要性原则，财务部门需协助业务部门，预测月／季／年度各部门的费用支出，并将其作为预算标准来控制日常发生的费用。在实施预算管理的前期准备阶段，各部门通常会对费用控制产生不解和抵触情绪，财务部门应提醒业务部门并增强其对费用管理的认知。编制后的费用预算由财务部门审核、业务部门负责人审批，经总经理批准后执行。

财务部门定期（月／季／年）比较各部门费用预算与实际费用

支出。基于重要性原则，财务人员可选择总金额高、频次高或特殊事项等费用进行环比和同比分析，分析内容包括科目余额、单次申请金额、发生频次、事件发生缘由等，得出分析报告，提交财务部门负责人、业务部门负责人和总经理审核。

费用的定期分析结果，可用来作为各部门日常费用的趋势回顾，让管理层知晓目前费用的各种类别和日常资金的去向，也可作为决策和管理的参考，但不作为考核部门的手段。

财务部门对某些专项项目也可使用费用预算进行控制，如市场营销项目或销售推广活动。财务部门可要求业务部门在项目开展前编制费用预算，由财务人员评估投入费用的合理性，并在项目开展的过程中定期对实际费用和预算进行比较，在项目完成后对达到的效果进行评估和分析。

注意： 中小企业的财务人员在进行账务处理时，应灵活使用凭证中的相关字段，这是进行预算管理的基础。对于成本费用，辅助字段应按照科目的定义尽量包括业务发生的时段、部门、人员、供应商、客户等内容，摘要部分填写对业务的简单描述，备注部分可作为对摘要的补充。

定期对预算与执行情况进行比对，根据已经入账的凭证中的相关字段进行分析，得出预算的实际执行情况。切不可只从财务角度进行核算，因为财务规则与实际管理情况易发生偏差，会导致生产经营状况得不到真实反映，财务人员也无法有效调整账务。

3.申请审批痕迹

财务部门需结合费用的重要性，编制不同类型的费用申请单据，如"借款单"（参考第154页，表7-3）和"费用报销单"

（参考第 155 页，表 7-4），尽量覆盖全部费用类型。单据种类不宜过多，避免增加业务部门的学习成本。

　　财务部门应与业务部门沟通并明确费用申请的相关内容和流程，包括不同种类的费用是否先申请再支付、各类费用的申请及审批流程、所需票据类型、财务收取票据的寄送方法和频率、财务付款的频次等。

　　财务部门应结合公司业务的费用类型编制费用申请和报支手册，供业务部门参考，并对业务人员进行培训，同时预留部分财务人员作为日常咨询窗口。手册内容需根据费用分析的结论及日常业务情况及时更新，保证可操作性。

　　注意：中小企业的审批流程应尽量精简，可依据"业务部门负责人审批→财务部门会计人员审批→财务部门负责人审批→总经理审批（达到一定金额）"的基本流程，审批通过后，单据流转至出纳人员审核并付款。

7.2.4　支付的关键控制

1. 见到审批痕迹再付款

　　若非紧急事项，财务部门须审核单据后再付款。审核内容包括填制是否规范正确、票据取得方式是否合规、票据是否符合业务实际、表单中是否有审批痕迹等。若业务部门存在紧急付款事项，财务人员可灵活处理，但须见到业务部门负责人的审核痕迹（确认业务真实有效）及财务部门负责人的审批意见（同意该笔付款事项）后方可付款，并在付款后要求业务部门及时补交单据至财务部门。

2. 规定统一的支付方式

　　财务部门需对公司费用的支付方式进行限制，如非必要，不得使用除银行转账以外的支付方式。若有特殊情况，可向财务部门说明详细原因，并向业务部门负责人和财务部门负责人提出申请，申请审批通过后，出纳人员根据审批意见支付。

7.2.5　账务管理的关键控制

1. 及时记账并保证账务清晰、完整

财务部门需保证票据齐全、完整和清晰，科目设置能够完整反映费用支出情况，在费用发生时及时记账，尽量避免跨月或跨年记账。同时，财务部门还需注意日常凭证中的辅助项和费用记账标准，以便清晰地反映各类费用的核算结果。

2. 定期分析、更新和反馈

1）定期分析费用

财务部门按照重要性原则，通过业务、金额、趋势、时间等维度定期分析费用情况，与预算数据对比，形成费用分析报告，报送财务部门负责人、业务部门负责人和总经理。

2）更新公司会计政策

财务部门需要定期按照费用手册的更新情况来更新公司的会计政策，定期收集业务部门关于费用审批流程以及使用情况的反馈意见，并以此来修订财务科目及确定账务处理的方式。同时财务部门也可与业务部门沟通日常工作中遇到的问题，保证业务部门了解费用申请的流程及相关的基本财税知识。

注意：中小企业的财务人员可以通过制定公司会计政策来达到账务规范。公司的会计政策一般包括收入类、成本类、费用类、资产类的会计核算处理，其以财务科目为纲，涵盖所有涉及账务处理的业务，包括流程、表单、借贷处理、月度结转、报表处理等内容，本质上是一部符合会计准则且适应公司业务特点的财务核算处理细则，代表着公司财务管理的制度规范。制定公司的会计政策有两个好处：其一是即便更换财务人员，账务也可按照既定的规则处理，规则不会因人员的经验判断或认知差异而改变；其二是财务部门可根据该政策要求业务部门使用格式统一的表单，协助业务部门发现并改进不合理的流程，助其顺利开展工作。此外，该政策也可作为财务人员进一步对外沟通、培训、监督和检查的依据。

案例7-1　篡改报销单套取公司资金

小明在一家建筑工程公司任职，因为头脑灵活、工作勤快而深受老板信任。平日里，老板除了让小明当司机，还让他做些私事，比如购买礼品、烟酒、置办劳防用品等。

一天，老板让小明买几瓶白酒，费用共计800元。小明心生一计，拿着填写好的报销单去找老板，老板签字盖章后，小明又悄悄折回办公室，拿笔在数字"800"前小心翼翼地加了个"1"，金额一下就变成了"1 800"，合计大写也加上了"壹仟"的字样。给出纳人员报销时，出纳人员看了一眼单据后，给小明支取了1 800元，小明顺利拿到了"报销款"。

之后每月都会发生2～3次报销，小明一开始只在单据上多写1 000～2 000元，意识到无人发现，小明的"胃口"越来越大。7月的某一天，小明拿着一堆发票和报销单请老板签字，总金额1 490元，老板签字后，小明按惯例在单据的"1"前面加了个"8"，一下子凭空多出 8 万元。出纳人员一时没有这么多现金，正好财务人员马上要和老板开会，于是财务人员在会上就此事向老板提了一下，老板发现事情蹊跷，便看了下发票和报销单，吓了一大跳：只有前面 1 490 元的发票是正常的，其余发票都是小明东拼西凑来的。

后来据小明交代，在 7 年的时间里，他通过该方式一共侵占了公司至少 200 万元资金，从去年开始，他平均每次报销侵占的金额都在 5 000 ～ 10 000 元。公司报警后，小明主动向警方自首。

💡 分析

本案例中，小明主要钻了四个"空子"，分析如下。

第一，小明利用了费用报销流程中的漏洞。老板先签字，小明再取回报销单，"取回"这个环节给了小明修改单据和补充发票的机会。

第二，财务部门忽略了对业务合理性的审核。财务部门对日常业务的大额支出事项及无关发票并未详细询问与核实。当看到老板都已经审批签字，财务人员审核时也会存有一定侥幸心理，因此应尽可能将老板审批放在流程的最后环节。

第三，财务部门忽略了要对费用支出做定期分析。若能定期分析费用支出的趋势并横向比较，可发现费用在不断上升，若财务部门及时向老板反馈分析结果，也可及时发现问题。

第四，费用报销单的格式不严谨。小明利用该缺陷添加了小写数字和大写数字。财务部门对纸质报销单据应直接做封口处理，如小写数字前加"￥"，大写数字中没有金额的栏位写"零"。财务部门应制定填写规范，与业务部门沟通并对业务人员进行培训。

案例7-2 水电费发票不合规被税务稽查

浙江省 AZ 公司是一家铁制品加工公司，旗下有一个加工厂和一个销售办事处。由于厂房是租用的，该厂的日常水电费发票上仍旧写着出租方的名字，AZ 公司的财务人员李某认为实际水电费都是由己方租用的工厂支付的，就决定拿着出租方抬头的发票入账先列入成本。

结果当税务检查人员对该工厂开展税收检查并翻阅相关凭证时，发现水电费发票上的户名都写着出租方的名称，而不是工厂的名称。税务部门遂依照税法的有关规定，对其调增应纳税所得额十多万元，该工厂补缴税款、罚款共计 40 000 多元。

分析

中小企业的财务人员常常对成本费用类支出不太敏感。本案例中的加工厂若是更换开票抬头，需要与出租方沟通，过程中会涉及一些费用和手续。对此财务人员认为既麻烦又得不偿失，老板可能还不理解，于是产生"多一事不如少一事"的心理。

但财务人员必须了解，账务必须符合税务法规及相关条例，这是"底线思维"，犯错就会受到惩罚，一定不能在合规性上犯错。建议 AZ 公司的财务人员与老板和出租方就水电费发票不合规的问题进行沟通并达成一致，按税务相关法规向出租方取得合规的发票，满足成本费用入账的标准。企业财务人员也要充分了解《发票管理办法实施细则》的规定，确保在实务中准确合规地收取、开具发票并记账。

案例 7-3 虚假列支费用被税务稽查

2019 年年初，江苏省南京市某广告公司被税务稽查。税务人员发现该公司的销售人员小崔在 2018 年 12 月 26 日报销住宿费（含增值税）共计 65 000 元，凭证附件为西南部某市酒店开具的住宿费增值税普通发票，且发票为凭证的唯一附件，财务人员已在年底前完成入账。

税务人员进一步翻查财务凭证发现，该公司市场营销部在 2018 年 3 月至 7 月共报销会务费（含增值税）共计 150 000 元，凭证附件为黑龙江省某酒店开具的会务费增值税普通发票共 5 张，也是凭证的唯一附件，询问财务人员是否还有其他支持性附件，财务人员也支支吾吾说不清楚。

调查中税务人员还发现，在 2018 年 8 月的凭证中，有一张江苏省南京市某公司开具的共 80 000 元的咨询费增值税普通发票，该笔财务凭证同样也仅有这一张发票，无其他支持性附件。另外还有春节、中秋节、国庆节等节假日所在月份列支的很多"办公用品"票据，数额巨大又是整数，其后也未附所购物品明细。

通过对各方进行核实，税务人员又发现该公司有多笔账务涉嫌逃税、漏税。最终，该公司被当地税务机关追缴税金加滞纳金共 550 000 余元，罚款百万余元。

💡 分析

中小企业为减少税金，常将虚假列支费用作为规避企业增值税和所得税的方法，这种投机取巧的做法不可取。作为中小企业的财务人员，既要肩负起会计核算的任务，也要承担起核算监督的重任，不合规的代价是巨大的。以下从内部控制的角度来分析本案例中存在的问题。

首先，财务人员在费用管理中未能起到审核作用，不能仅仅以有无发票作为费用报支和入账的前提条件。销售人员提交的住宿费发票明显不符合实际，65 000 元的住宿费无论从哪方面来讲都明显不合理，销售人员也未提供酒店消费明细账单和差旅住宿的说明。

其次，会务费和咨询费是税务机关的稽查重点，而该企业顶风作案，明目张胆。会务费的入账发票金额达到 15 万元，稍加留意便可发现漏洞。会务费按照单次计算，每张发票金额恰好为均等的 3 万元，且市场营销人员连续 4 个月都舍近求远跑到黑龙江省开会，这些都明显不符合实际。市场营销人员只提交了发票，并无会议通知、参会人员名单、签到表、酒店消费账单等其他附件以证明会议发生的真实性和合理性，并且咨询业务中的咨询协议、项目立项及验收、培训等其他相关的支持性文件也一概没有。

最后，企业以在节假日购买各种礼品用于员工福利和对外交际应酬取得的发票作为"办公用品"入账，但其后并未有采购物品明细及相应的采购申请、审批记录等附件，这种财务疏漏变相助长了企业逃税的不合规行为。

财务人员对业务发生的费用是否合理、业务是否真实以及是否缺少其他附件一概忽略不计，可谓是"两眼一看，借贷完毕"。履行必要的财务管理职能恰恰是中小企业财务人员容易忽视的工作。财务人员绝不能只做记账核算工作，而应在每个月结账后的几个工作日去了解业务部门的最新业务，沟通费用情况，发挥财务管理职能，从而更好地支持日常业务。

7.3 常用工具表单

7.3.1 借款单

表 7-3 借款单

借款单						附件 张
借款人		部门		岗位	申请日期	
序号	借款原因及用途			借款类别	金额	备注
合计	（大写）			（小写）¥		
收款方式	□ 银行转账		收款银行账号		收款银行支行	
	□ 现金		□ 支票	支票号码		
审批栏						
序号	审批部门/岗位		审批意见		审批人	审批日期
1	业务部门负责人					
2	财务部门会计					
3	财务部门负责人					
4	分管副总					
5	总经理					
6	出纳					

7.3.2　费用报销单

表 7-4　费用报销单

费用报销单					附件　张	
报销人		部门		岗位	报销日期	
序号	费用项目及用途			类别	金额	备注
合计	（大写）				（小写）¥	
是否有预支		预支金额		冲预支后应退回公司金额		
收款方式	□ 银行转账		收款银行账号		收款银行支行	
	□ 现金		□ 支票	支票号码		
审批栏						
序号	审批部门/岗位		审批意见		审批人	审批日期
1	业务部门负责人					
2	财务部门会计					
3	财务部门负责人					
4	分管副总					
5	总经理					
6	出纳					

08 | 合同管理中的
风险与内部控制

8.1 合同管理中的常见风险

合同管理中的常见风险主要包括：

（1）忽视对对方主体的审查，导致合同无效或存在潜在履行风险。

（2）企业的重要事项未订立合同或未经授权对外订立合同，可能导致企业的合法权益受到侵害。

（3）合同履行过程中出现偏差，导致业务失败或资金损失。

（4）合同条款未经充分审核存在漏洞，可能导致无法有效履约或引起法律纠纷。

（5）合同日常管理混乱，可能导致重要文件丢失。

（6）合同纠纷处理不当，可能损害企业的利益和形象。

8.2　合同管理中的核心控制

8.2.1　重要职务分离

合同管理中的重要职务分离，如表 8-1 所示。

表 8-1　合同管理重要职务分离

业务	不相容职务 1	不相容职务 2	不相容职务 3	不相容职务 4
合同对象调查	调查	申请	审批	—
合同签订 / 变更	申请	审批	记录	监督 / 检查
合同用印	申请	审批	加盖 / 记录	监督 / 检查
合同履行 / 监控	执行	监督 / 检查	—	—

8.2.2　授权体系

合同管理的授权体系可参考"公司合同管控权责表"，如表 8-2 所示。"公司合同审批矩阵表"（见表 8-3）可作为《公司合同管控权责表》中合同签订流程的详细说明而单独存在。

表 8-2　公司合同管控权责表

关键事项	发起部门	输出成果	部门 / 岗位						
			业务部门	业务部门负责人	财务部门	法务部门	分管副总	总经理	董事长
合同签订	业务部门	合同会审单	申请	▲ 具体参见"公司合同审批矩阵表"					
合同用印	业务部门	用印申请单、用印登记表	申请			▲			
合同变更	业务部门	变更事项说明	申请	视同申请流程					

符号解释："1/2/3/4"表示申请后的流程顺序；"▲"表示最终批准权。

说明：①发起部门为申请部门。②审批顺序：部门内的审批顺序为经办人→部门经理，如从 A 部门转到 B 部门，要经 A 部门经理审批。③发起部门负责组织起草方案并组织文件流转。④表中数字部分为参考值，由企业根据发展现状进行调整。

表 8-3　公司合同审批矩阵表

序号	合同类型	金额	合同发起部门	人事部门	市场部门	采购部门	销售部门	财务部门	法务部门	分管副总	总经理	董事长
1	对外合作 / 异业合作	—	各部门					1	2	3	▲	
2	对外投资 / 对外担保 / 融资 / 借款	—	财务部门					申请	1	2	3	▲

（续表）

序号	合同类型	金额	合同发起部门	人事部门	市场部门	采购部门	销售部门	财务部门	法务部门	分管副总	总经理	董事长
3	战略/框架采购协议	—	采购部门			申请		1	2	3	4	▲
4	一般采购	金额＜10万元	采购部门			申请		1	2	▲		
5	一般采购	10万元≤金额＜30万元	采购部门			申请		1	2	3	▲	
6	一般采购	金额≥30万元	采购部门			申请		1	2	3	4	▲
7	固定资产采购	金额＜20万元	采购部门			申请		1	2	▲		
8	固定资产采购	20万元≤金额＜50万元	采购部门			申请		1	2	3	▲	
9	固定资产采购	金额≥50万元	采购部门			申请		1	2	3	4	▲

（续表）

序号	合同类型	金额	合同发起部门	人事部门	市场部门	采购部门	销售部门	财务部门	法务部门	分管副总	总经理	董事长
10	战略/框架销售协议	—	销售部门				申请	1	2	3	4	▲
11	一般销售	—	销售部门				申请	1	2	3	▲	
12	市场合作/渠道	金额＜10万元	市场部门		申请			1	2	▲		
13	市场合作/渠道	金额≥10万元	市场部门		申请			1	2	3	▲	
14	人事猎头/招聘	金额＜10万元	人事部门	申请				1	2	▲		
15	人事猎头/招聘	金额≥10万元	人事部门	申请				1	2	3	▲	

符号解释："1/2/3/4"表示申请后的流程顺序；"▲"表示最终批准权。

说明：①发起部门为申请部门。②审批顺序：部门内的审批顺序为经办人→部门经理，如从A部门转到B部门，要经A部门经理审批。③发起部门负责组织起草方案并组织文件流转。④表中数字部分为参考值，由企业根据发展现状进行调整。

注意：该表以合同签订流程为维度来展示合同管理权责。该表内容可拆分放入销售管理、采购管理、费用管理等公司管控权责表中。

8.2.3 对合作方调研和审查的关键控制

与销售管理和采购管理中提到的客户信用调查和供应商调查类似，财务部门可与业务部门沟通，要求业务部门针对合作方进行调查，汇总调查信息，填制客户背景调查表或供应商背景调查表，作为后续展开合同谈判、签约等流程的前置条件。表单需提交至业务部门负责人、财务部门、法务部门审核，并从多角度评价合作方的情况，最后由总经理审批通过后，方能开始合同签订流程。

业务部门要调查和填制表单的内容包括：① 验证合作方的身份信息。开展合作前须取得合作方的营业执照、资质证明及相关证件并调查其真伪。关注合作方授权代理人的行为是否在授权范围内，充分收集证据，或与对方的主要供应商、客户联系，调查对方实际经营情况。② 分析合作方的经营能力。获取合作方经过审计的财务报告，若合作方为中小企业，可要求对方提供财务报表或通过其他方法获取对方的财务报表或相关报税信息。③ 现场评估调查履约情况。业务部门可到现场实地了解和评估合作方的生产能力、技术水平、产品质量和管理情况。

8.2.4 合同谈判的关键控制

为了避免公司在合同签订后面临履约风险，同时也为了避免业务部门变成"传声筒"，财务部门在必要时可以主动提出参与合同谈判。参会前，针对谈判的核心内容，财务部门要与业务部门沟通，沟通的内容包括相关法律法规、行业监管、产业政策、双方合作方式、双方核心诉求、我方成本、预期利润、涉税事项、对现有业务的影响、未来需配置的各类资源等，以避免和控制后续业务开展期间可能发生的履约风险。

会后财务部门应将谈判事项整理成备忘录，同步分享给相关账务处理人员。

注意：我方财务部门、法务部门可按照具体情况协助业务部门起草合同文本，同时要对合同相关信息保密。

8.2.5　合同审核和签订的关键控制

1. 审核后及时反馈

中小企业的合同不多，财务部门要对每份合同都进行审核，一方面可加深对业务的理解，另一方面也可从财税角度给业务部门提供专业建议。财务部门审核合同的目的不是卡业务，而是避免潜在的风险和可能出现的利益损失，使得后续业务能顺利开展。财务部门审核后，将建议或问题在 1 个工作日内反馈给业务部门。

2. 审核要点

业务部门负责编制申请合同的表单，同时附上合同文本。表单经过业务部门负责人、财务部门、法务部门审核，最后由总经理审批并签字，业务部门再申请加盖印章。

注意：不同类型的合同需交给不同的负责部门归口管理，审批流程可参考"公司合同审批矩阵表"（见表 8-3），根据合同的不同属性合理安排审核流程。

财务人员审核时需检查合同中关于业务内容的合理性、业务开展的逻辑性、合同审批痕迹的完整性，检查金额（含税和不含税）、单价、利润空间、合同起止时间、现有合作账期、收付款确认条件、收付款相关账号、税务相关（税率、票据种类、开票条件等）、违约纠纷的处理方式、违约金金额和比例等内容是否明确、合理。

财务部门在收到待审合同时，可先将合同中的相关信息备案，记录于合同审核台账。台账内容包括合同名称、客户或供应商名称、合同编号、合同类型、合同大致事项描述、合同金额、申请人姓名、申请部门、申请时间、提交时间、财务审批人、财务审批时间、税率、发票种类、收付款方式等。该台账有两个作用：一是比较收到的合同与之前的记录，防止业务部门重复提交或将大金额拆分成小金额绕过既定的审批流程；二是合同签订后，台账可作为财务部门在合同履约过程中的监控依据。

3.财务部门不参与合同审核的情况

若一些中小企业无须财务部门参与合同审核，那么财务部门在收到已经签订完成的合同和票据时，要及时与业务部门沟通，确定业务的实际情况，根据合作模式和相关条款判断账务处理方式，同时提醒业务部门注意可能存在的风险，并将合同记录于合同台账，以备后查。

8.2.6　合同专用章的关键控制

部分中小企业习惯使用公章加盖业务合同，此行为风险较大。一方面，公章的适用范围和效力较大；另一方面，企业可能会因合同较多而将公章交给某个业务部门保管，这样会存在公章被滥用的风险。此事一旦发生，公司的权益将遭到侵害。公章应由总经理亲自保管，企业可刻制合同专用章替代公章加盖业务合同。合同专用章授权给指定的相关部门保管，并备案至财务部门、总经理办公室（或行政管理部门）。

1. 日常保管

合同专用章可由总经理书面授权给指定部门保管，如法务部门、行政部门或秘书处，若交由财务部门保管（此种情况较少），一般放置于上锁的抽屉内。

2. 使用登记

合同专用章使用的前提条件是合同文本已通过相关部门的审批。加盖合同专用章前，由业务部门填制加盖申请单并说明事项和缘由。业务部门负责人审批通过后，由印章保管部门加盖并登记使用记录。

为了避免合同专用章意外丢失，应尽量避免外借合同专用章。若业务人员要将合同专用章带出办公地点，需填写外借单据，经合同专用章保管部门审核同意后带出。合同专用章保管部门需督促业务人员在规定时间内交还。

8.2.7　合同变更、补充条款的关键控制

为了避免已经签署后的合同被无故修改，需在盖章时加盖骑

缝章。若是我方起草的合同文本，可将带水印的不可编辑的电子文档传递给对方加盖。

经双方盖章签字的合同文本一般不予变更，若是因无法控制的客观原因需要变更文本，则变更后的合同文本或补充签订的文本需重新进行合同申请和审批流程。审批时，相关部门需注意变更或补充条款中的内容对我方利益的影响和潜在的风险。

8.2.8　合同文本日常管理的关键控制

合同文本应最少一式三份，我方两份（一份交由总经理办公室或行政部门管理，另一份交由财务部门作为记账凭证的附件或单独备案），外部合作方一份。

日常管理合同文本的部门需编制合同保管清册，并存入指定档案柜或文件夹内，以免丢失。合同文本中的信息应保密，档案柜或文件夹应存入上锁的档案室或保险箱内，未经业务部门负责人批准，任何人不得以任何形式泄露合同文本的相关内容。

8.2.9　合同纠纷的关键控制

一旦出现合同纠纷，合同文本涉及的所有相关资料都会被视为证据，包括合同台账、对账记录、收发货记录、出入库单、收货单、送货单、验收单、财务凭证、银行往来流水明细单等。中小企业尤其需要完整保管相关单据，财务部门应尽可能在日常工作中保留相关资料的复印件作为证据。

8.2.10　合同履行的关键控制

1. 合同登记台账

财务部门协助业务部门在合同签订后进行登记，合同登记台账的内容主要包括签订情况、履行情况、收付款进度、开票进度等。业务部门负责填制和管理台账，台账作为外部合作进度的备查资料，每月传递至财务部门。若是由财务部门填制和管理台账，则无法及时获取和有效记录外部信息。

注意： 业务部门管理的合同登记台账与财务部门管理的合同审核台账并不冲突。业务部门管理的台账属于业务部门在合同履行期间的自行管理，缺少的收付款项可向财务部门了解后记录；财务部门管理的台账作为账务科目核算下的辅助管理台账，一方面用以核对相关科目的记账是否完整和及时，另一方面用作业务合同履行情况的备查。若对方未及时付款或开票，财务部门需及时向业务部门反映，并要求业务部门尽快了解情况。

2. 监控业务合同的履行情况

财务部门可根据当月账务数据和现金流的情况，结合合同登记台账，监控合同的履行情况是否与合同文本一致，并与业务部门保持沟通。监控内容包括收付款金额、票据、收付款方式、账期等。

案例 8-1 培训合同的审核

某公司总经理办公室决定聘请某院校的王教授进行财税培训，

并与王教授签订了培训合同，合同提及"培训费用共计 50 000 元，机票费用 5 000 元由我公司承担"。财务部门目前正在审核该合同。

🔆 分析

鉴于 5 000 元的机票无法抵扣增值税，故合同审核建议如下：

我公司不得为 5 000 元的机票费用抵扣增值税。企业为非雇员支付的交通费用不能纳入抵扣范围，所以该机票费用无法抵扣增值税。建议将合同相关内容更改为"本次培训费用共计 55 000 元，王教授的机票等所有交通费用由王教授所在的院校承担"。

案例 8-2　销售合同的涉税问题

某客户看中庚公司产品质量优、相关资质好、经营范围合适等优点，故与庚公司签订电梯销售合同："电梯数量 300 部，每部电梯平均不含税售价为 100 万元（含安装费 10 万元，3 年内维护保养费共计 20 万元）。"财务部门目前正在审核该合同。

🔆 分析

庚公司资质齐全且经营范围合适，符合增值税纳税条件，故可考虑税务筹划。按照当前合同内容，销售产生的增值税较高，建议在合同文本中分拆业务项目。合同审核建议如下：

按照目前合同内容，增值税税额 =100×13%×300=3 900（万元），金额偏高，可将合同内容修改为："每部电梯合同价为 70 万元（不含税），另外收取安装费 10 万元，3 年内保养费共计 20 万元，发票按照项目开具。"按照更改后的内容计算，增值税税额 =

（70×13%+10×3%+20×6%）×300=3 180（万元），可节税金额＝3 900-3 180=720（万元）。（税率仅供参考）

案例 8-3 租赁合同的收付计算

2019 年年初，G 公司提供房屋租赁服务并与 A 公司签订租赁合同如下："A 公司押一付三，租金为 12 000 元 / 月，有效期为 12 个月。"A 公司支付 1 个月押金和 3 个月租金，共计 48 000 元，但至合同有效期结束仍未支付剩余租金，欠 9 个月租金共计 108 000 元。

2020 年，A 公司考虑与 G 公司签订其他房屋的租赁合同，合同内容如下："G 公司押一付三，租金为 10 000 元 / 月。"G 公司的销售人员与 A 公司商议后建议重新签订合同，以 2020 年合同中的"G 公司押一付三"（共计 40 000 元）冲抵 A 公司 2019 年的合同欠款（108 000 元）。

分析

本例中的合同审核建议如下：

鉴于 2019 年合同到期后，A 公司拖欠 G 公司租金共 108 000 元，建议 G 公司的销售人员加大力度向 A 公司催收 2019 年合同的未缴款项，否则 2019 年的合同欠费将按比例计提坏账，G 公司将会产生账面损失。

2020 年合同中的"G 公司押一付三"条款为新合同的条款，不能以此为由冲抵前一份合同的欠款。从财务角度来看，两份业务合同无关联。

案例 8-4　疏忽了合同条款导致公司损失

BZ 公司是一家位于上海市的外商独资企业，成立于 2017 年，主营游轮出租的旅游业务。2017 年年中，在美国几个核心人员的努力下，公司上海总部的人员终于配齐，准备全力经营。

BZ 公司因游轮配置豪华且数量多，生意异常火爆，但与此同时产生的游轮的保养成本也很高。刚开始，BZ 公司向国外供应商采购零配件，但价格十分昂贵，且送货速度较慢，加上游轮修缮时间较长，正常业务经营逐渐受到影响。从 2018 年开始，BZ 公司决定选用国内的零配件供应商。上海总部采购人员经过市场调查，共找到三家符合公司要求的零配件供应商 A、B、C，公司择优选择了供应商 A，与之商议签订战略采购合同并口头约定了合作细节。

刚开始双方合作比较顺利，双方依据约定进行每季度结算，并隔月开具发票。2019 年伊始，供应商 A 的零配件经常不能按时送货，且单次送货的数量开始无故减少，BZ 公司的采购人员与供应商 A 多次沟通但无效。到了 2019 年年中，供应商 A 的供货开始隔月定时供货且供货数量减少至原先的 1/3，这就愁煞了 BZ 公司，因为游轮不能出航停在港口的损失很大。BZ 公司和供应商 A 多次沟通无果，无奈只能赶紧转向供应商 B、C 寻求零配件。

供应商 B、C 的供货价格很高，BZ 公司为了不影响经营，只能硬着头皮向他们采购。同时，BZ 公司开始向供应商 A 发送律师函，要求供应商 A 赔偿 BZ 公司的日常经营损失。供应商 A 以已履行了供货责任且合同文本中无相关赔付条款为由，对此不予理睬。

BZ 公司决定聘请律师发起诉讼，但律师发现合同仅仅只有一份战略协议，协议中只有短短数十字的违约责任和条款，且描述不清。BZ 公司无奈只能与供应商 B、C 签订采购协议，采购单价比供应商 A 高出近三成。

 分析

在本案例中，BZ 公司与供应商 A 只签订了一份带有合作意向的战略采购合同，合同中的条款基本没有对双方合作的业务内容和双方具体的责任义务展开详细叙述。若未能针对合作规定的具体业务的细节进行说明，很可能导致双方履约纠纷。

BZ 公司属于外资企业，核心管理层又是美方代表，因此业务在开展时更需注意业务所属地的实际情况。或许在美国，口头约定也算是生效合同，但在中国，双方存在合作意向只是前提，不签订详细的合作条款规定合作细节、约束业务行为，就很可能在合同履约中产生纠纷，使得公司的利益无法得到保证。

同时，BZ 公司签订的协议未经过相关部门的充分审核。一般来说，合同的审核流程需经过多个部门，以本案例中的采购协议为例，审核至少需要经过维修部门、财务部门和法务部门，从质量规格、财税相关、合法合规、违约补偿等多角度评估供应商是否能够提供符合公司需求的物资，并要确保公司在采购过程中的各项利益。若 BZ 公司签订合同时能进行充分审核，那么相关部门就很容易发现合同中存在不恰当描述或潜在问题并提醒管理层，同时要求签订详细的采购合同。

案例 8-5 仅凭借印章开展交易不可取

2010年，海南的房地产开发市场随着"国际旅游岛"建设规划获批，再次变得热火朝天，全国房地产行业各路人马马不停蹄地赶往海南"捞金"。

2010年10月以前，王某是海南当地某个建筑公司的老板，公司因经营不善倒闭，但王某总想着自己能够东山再起，于是他决定凭借小聪明做个一本万利的生意。2010年11月，王某先是伪造了四川省某公司海南分公司的合同专用章，并使用该印章与海南某房地产投资公司（下文简称"投资公司"）签订合作开发协议，王某负责建造该项目的建筑主体框架。接着王某又约见海南某贸易公司（下文简称"贸易公司"）的总经理，谎称自己是四川省某公司海南分公司的总经理，并拿出与投资公司的合作开发协议，以该项目需要2 000吨钢材（实际需要约200吨）为由采购钢材。该公司总经理见王某能够拿出合同又非常熟悉业务，故在2010年11月7日与其签订采购合同。在该采购合同上，王某加盖的仍旧是私自伪造的四川省某公司海南分公司的合同专用章。

几个月后，王某以资金紧张为借口，每次只支付小部分货款，但要求贸易公司继续供应钢材，以此方式先后骗取价值约百万元的钢材。王某在支付了40余万元的货款后，就不再支付剩余货款。

没过多久，王某借故退出开发项目，贸易公司多次找王某追讨货款未果，于是在2013年11月向公安机关报案。经鉴定，王某用于签订钢材采购合同的四川省某公司海南分公司的合同专用章是伪造的假印章。

法院认为，王某伪造公司印章并冒用公司名义与他人签订合同，诱骗对方履行合同，骗取他人财物，其行为已构成诈骗罪。

💡 分析

在现实经济活动中，通过私刻印章、伪造合同来进行诈骗的案例屡见不鲜。犯罪分子基本都是通过"空手套白狼"的把戏，来牟取不正当利益，这就要求企业在合同管理方面增强风险意识，加强合同的全流程管理。

企业在与外部公司展开合作时，背景调查必不可少，不能仅凭一枚印章就信任对方并开展合作。在本案例中，投资公司和贸易公司都仅凭王某的一枚"萝卜章"就与其签订合同并开展业务，忽视了在首次开展合作时应对对方的资质、企业证照、经营情况等进行查证。建议企业在与外部公司开展合作前，充分调查对方的背景，验证其履约能力。签订合同前，应要求对方提供在公安局或工商局等国家机关备案的证明文件，来验证印章真伪。

在本案例中，贸易公司忽视了对合同履约的监控。王某每次只支付小部分货款，但贸易公司仍不断向王某供货。从内部控制的角度来看，王某的行为已经损害了贸易公司的利益。履约过程中，若公司发现对方拖欠款项，或未能按照合同条款执行，则需及时向对方提出合同变更或合同解除事宜，并采取法律手段维护自身利益。

中小企业的财务人员在合同履行过程中要起到监控作用，分析各项数据，及时提醒管理层合同履约过程中可能存在的问题，这样才能更好地防范和控制可能存在的风险。

8.3 常用工具表单

8.3.1 印章使用授权书

表 8-4 印章使用授权书

印章使用授权书				
印章名称		公司章样印模：		
印章授权人				
授权人职务				
被授权人姓名		印章授权起止日期	从： 年 月 日	
被授权人职务			至： 年 月 日	
被授权人身份证号码		被授权人联系方式		

一、自即日起，将____公司____章授权给____使用，使其作为该印章的第二使用权人。

二、印章使用范围（以合同专用章为例）：

本印章用以签订采购各类物资的经济业务合同及相关文件时加盖使用，不能替代公章及公司其他印章。超过适用范围，该印章视为无效。

三、印章管理和使用参照《公司印章管理办法》执行。

四、本授权书一式三份，一份交与授权人留存，一份交与被授权人留存，一份交与行政管理中心归档。

授权人签字：　　　　　　　　　　被授权人签字：

签字日期：　　　　　　　　　　　签字日期：

8.3.2   用印申请单

表 8-5   用印申请单

用印申请单					
申请部门		申请人		申请时间	年 月 日
用印事由					
拟用印章	□公章	□法人章		□合同专用章	□财务专用章
批准人	申请部门主管（签字） 月 日		总经理（签字） 月 日		印章保管部门主管（签字） 月 日

8.3.3   用印登记表

表 8-6   用印登记表

用印登记表									
序号	日期	用印事由	数量	申请部门	申请人	印章名称	盖章人	盖章时间	备注

09 | 人力资源管理中的
风险与内部控制

9.1 人力资源管理中的常见风险

人力资源管理中的常见风险主要包括：

（1）企业人力资源管理工作无计划，导致资源浪费、效率降低。

（2）人员组织架构不完整、不清晰，导致企业无法有效开展业务。

（3）岗位职责不清晰，导致工作效率降低，并存在潜在风险。

（4）薪酬体系制定不合规，存在法律风险。

（5）薪酬相关信息无明细或数据多计错计，导致企业损失及账务处理错误。

（6）人员的调动、离职缺少系统申报与交接流程，导致资产或账项无法得到有效处理。

9.2   人力资源管理中的核心控制

9.2.1   重要职务分离

人力资源管理中的重要职务分离，如表 9-1 所示。

表 9-1   人力资源管理重要职务分离

业务	不相容职务 1	不相容职务 2	不相容职务 3	不相容职务 4
人力资源计划	申请	审批	—	—
组织结构 / 岗位的申请和调整	申请	审批	—	—
入职 / 背景调查评估	评估	审批	—	—
薪酬确定 / 调整	申请	审批	记录	—
人员调动 / 离职	申请	审核	记录	—
工资 / 社保 / 提成发放	计算 / 申请	审核	发放	记录 / 记账

9.2.2   授权体系

人力资源管理的授权体系可参考"公司人力资源管控权责表"，如表 9-2 所示。

表 9-2　公司人力资源管控权责表

关键事项	发起部门	输出成果	人事部门	财务部门	法务部门	分管副总	总经理	董事长
								部门 / 岗位
薪酬体系制定或调整	人事部门	人力资源政策 / 公司薪酬架构	申请	1		2	3	▲
人力资源计划 / 年度薪酬预算	人事部门	年度人力资源预算	申请	1		2	3	▲
组织架构设定和调整	人事部门	组织架构图	申请	1		2	▲	
入职 / 背景调查评估	人事部门	入职申请单、人员资料、评估结果	申请			1	▲ 经理层	▲ 高管层
劳动合同及相关协议模板	人事部门	劳动合同 / 协议	申请		1	2	▲ 经理层	▲ 高管层
员工调动 / 离职	人事部门	员工调动 / 离职申请表	申请	1		2	▲ 经理层	▲ 高管层
薪酬发放和计算	人事部门	薪酬明细表、发放申请	申请	1/ 最后发放		2	▲	

符号解释："1/2/3/4"表示申请后的流程顺序；"▲"表示最终批准权。

说明：①发起部门为申请部门。②审批顺序：部门内的审批顺序为经办人→部门经理，如从 A 部门转到 B 部门，要经 A 部门经理审批。③发起部门负责组织起草方案并组织文件流转。④表中数字部分为参考值，由企业根据发展现状进行调整。

9.2.3　人力资源管理中的关键控制

1. 薪酬总额的预算控制

财务人员可通过预算来控制薪酬总额。在中小企业中，人员架构通常比较灵活，岗位之间的界定较为模糊，管理层对新增部门及岗位可能并未过多考虑即设立或调整。财务部门可将薪酬总额作为费用预算的重要组成部分，在与业务部门或人事部门确定人数及薪酬标准后，定期制定薪酬预算并提交至总经理处审核。

2. 员工入职的标准文件

为了避免因薪酬相关数据的差错而导致相关科目账务处理的错误，可由业务部门编制关于员工入职评价、试用期期限、薪酬标准等内容的文件，并交给财务部门，以供财务部门顺利进行当月的账务处理，避免错发员工工资。

3. 协助制定薪酬提成方案

1）企业中设有独立的人事岗位

财务部门需对人事部门制定的薪酬提成方案进行审核，同时复核年度整体薪酬金额，判断其对资金流的影响，审核通过后将薪酬提成方案提交给总经理审批，审批通过后下发执行。

2）企业中若没有独立的人事岗位则由财务人员兼任人事职务

若企业中没有设立独立的人事岗位，则由财务部门制定薪酬提成方案，提交给总经理审批，审批通过后下发执行。

注意： 中小企业中，员工薪酬的计算可能与绩效评估挂钩。财务部门可建议业务部门负责人将部门内部必须完成的关键管理环节纳入绩效考评。如销售人员收取现金须填制现金缴款单并在当日内交至财务部门的出纳人员，若销售人员未能满足这一条，则扣除相应的绩效分数或采取其他方式进行惩罚。

4. 薪酬发放审核

1）企业中设有独立的人事岗位

人事部门编制员工花名册，依据花名册编制月度薪酬明细表。月度薪酬明细表经业务部门负责人审核后，提交至财务部门审核。财务部门主要审核月度薪酬明细表中的薪酬总额、人数、部门（成本中心）、社保明细等信息，同时对比上个月与本月的数据差异，审核后提交总经理审批，总经理审批通过后，出纳人员方可支付薪酬。

2）企业中若没有独立的人事岗位则由财务人员兼任人事职务

若企业中没有设立独立的人事岗位，则由财务部门编制员工花名册，依据花名册编制月度薪酬明细表，并向每个部门负责人确认人员新入、调动、离职、日常考勤和绩效情况，确认无误后将月度薪酬明细表提交总经理审批，总经理审批通过后，出纳人员方可支付薪酬。

注意：发放薪酬后，相关部门可向员工发放工资条或邮件，确认记录数据与实际发放金额是否一致。若员工对薪酬存疑，可及时向人事部门或财务部门反映。

9.2.4　员工调动、离职的关键控制

中小企业的员工在申请调动、离职前，需填制"员工调动/离职申请单"（参考第189页，表9-3），经业务部门负责人评

估和审批同意后，员工开始进行工作交接。工作交接应尽可能提前并规定适当的时长，如规定在岗位变动前 15 天或 30 天内完成交接。离职员工在与交接人员完成工作交接后，双方在申请单上签字。业务部门负责人确认后将申请单提交至财务部门。财务部门审核离职人员的备用金归还情况、账务确认和交接情况（应收账务、应付账务、费用等）、实物资产交接情况等。若企业没有设置人事岗位，财务人员还需审核申请单上填制的内容是否完整无误、审批痕迹是否完整。薪酬结算以离职人员的最后工作日为准。

注意：因员工调动、离职存在最后期限，若财务人员在审核过程中发现离职人员存在未完成交接的事宜，应尽快向其所属的业务部门负责人反映，避免因工作交接不完善导致相关账务出现问题。

9.2.5　账务管理的关键控制

财务管理的关键控制内容主要包括：

（1）薪酬明细表中的工资、社保、人数、岗位信息必须与实际情况一致。

（2）作为凭证中的辅助核算项，人员的组织架构必须与账套里成本中心的设置保持一致。

（3）月底前，确保当月职工工资、奖金及社保的相关科目完成核算，并且金额必须与薪酬明细表中的金额保持一致。

（4）实际发放的薪酬金额必须与薪酬明细表中的金额保持一致。

案例 9-1 离职人员吃空饷

　　钱某是一家企业的生产经理，平时个人开销很大。2019年年初的某一天，钱某碰巧了解到车间主任王某在该单位工作的两名亲戚准备离职，这两名亲戚向钱某询问离职之后是否可以由公司继续缴纳社保。

　　钱某"灵机一动"想到一个骗取公司钱财的方法，即利用职务便利对两名员工的离职情况隐瞒不报，再由车间主任王某负责伪造考勤统计表，钱某负责签字，并在每月最后时限上交至统计科。统计人员此时正忙于统计薪酬表数据，看到考勤统计表上有钱某的签字便没有进行复核。直到2019年年底，两人共骗取公司发放的社保费、工资等近9万元。翌年伊始，钱某和王某的行为被公司发现，两人随后被警方抓获。

 分析

　　在本案例中，钱某和王某作为公司生产车间的管理人员，虚构已离职人员的在职状况，利用统计人员的工作疏漏故意套取公司款项。这件事暴露了该公司在管理上存在问题。

　　首先，公司忽视了对员工日常考勤数据的追溯，未能设置考勤仪器。公司可在工厂中设置指纹打卡器或人脸识别打卡器，自动记录日常考勤时间，将设备上锁并采用限制手段防止任何人修改上下班时间。

　　其次，统计人员应从打卡器中获取考勤记录，而不是从个人手中取得考勤统计表，以杜绝考勤数据被人为篡改或伪造的情况。

　　最后，财务人员发放薪酬后可采用发送邮件或工资条的形式向员工确认薪酬发放情况，避免薪酬被冒领或薪酬金额出现错误。

案例 9-2　提成计算不合理导致管理失效

H 公司是一家上市公司，主营业务是给餐饮公司提供食物原材料。为了扩大规模，H 公司决定开启直营店连锁的销售模式，在组织架构中设立运营部门来负责店铺选址、日常销售、运营管理等工作。连锁经营模式与原有销售模式不同，于是公司火速成立了运营部门并招募了一批专业的运营人才。至此，公司的销售模式分为两套：一套是面向餐饮公司（大客户）的销售模式，另一套是连锁经营（零售）的销售模式。运营部门的销售提成是 OA 系统根据营业收入的一定比例，结合回款情况自动计算的，人事部门副总经理经过考虑，决定暂时参考原有销售部门的销售提成模式。

一日，运营部门的销售人员小强发现自己当月的工资非常低，但他毕竟是兢兢业业地完成了任务，因此感觉很委屈，便向运营总监反映。运营总监翻阅 OA 系统的销售提成表后发现一个问题：虽然公司决定让运营部门暂时参考原有销售部门的提成模式，但却忘记更改其中的合同签约任务所占的比重，使得运营部门超额完成任务的销售人员提成相对较少，很不合理。小强当月完成的任务中零售业务较多，客户签约量很少，导致提成极低。运营总监发现该问题后，向人力资源部门反馈，提出重新编制运营部门销售人员的薪酬方案。

💡 分析

零售与大客户销售是两种截然不同的业务。H 公司在短时间内上线新业务，后端管理部门缺乏相应的业务经验，没有及时调整，导致薪酬管理中的提成公式与实际业务不匹配。

　　仅由一个人事部门就决定了新业务的销售提成计算方案，运营部门和财务部门没有对此方案充分审核也是出问题的重要原因。对于新的业务模式，应组织多部门对薪酬的各类细节进行充分沟通和详细测算，这样才能制定出贴合实际业务情况的提成方案。

案例 9-3　虚增员工人数套取企业资金

　　2010 年，四川省某县成立了 JZ 人民医院，成立伊始，医院规定以现金形式发放职工薪酬，由财务科制作薪酬明细表和绩效奖金领取表，员工领取工资和奖金后当面签字确认。2013 年，王某入职医院担任财务科科长。2014 年，医院经过行政办公会议决定，由医院分管行政的副院长张某负责管理财务科，张某安排财务科科长王某制作各个科室的绩效奖金领取表，但要求王某告知员工在该表中先不填写合计金额，待员工领取后填写。财务科科长王某安排出纳人员吴某和武某在绩效奖金领取表上动手脚，将合计金额修改成大金额或虚增在职员工人数，再按照修改后的金额填写绩效，由张某签字入账。于是，利用管理上的漏洞，张某、王某、吴某和武某在 2014 年至 2018 年共套取医院公款 60 余万元。

　　2018 年，医院会议决定，部分员工的薪酬由现金发放改为银行直接转账。张某与王某再度商量决定，利用张某任职医院领导的便利，将两人相关亲属二十余人全部列为医院职工以套取相应工资，吴某和武某负责办理亲属的银行卡，用于接收转入资金，银行账户由张某和王某管理。通过这种方式，四人于 2018 年至

2020年共套取医院公款达百万余元。

2020年伊始，中纪委医疗反腐巡查小组入驻JZ人民医院，张某与王某因心虚主动投案自首。目前相关人员已被检察机关提起公诉。

💡 分析

本案例中涉及的职工薪酬舞弊手法较为常见。该医院由财务部门制作薪酬明细表和发放薪酬，这就可能存在多人串通虚增在职员工数量和部分员工薪酬的风险。JZ医院在薪酬发放和审核中也存在一定漏洞，也给该舞弊行为的发生留下了机会。为避免此类风险，可做以下改进。

首先，医院可要求财务部门将薪酬明细表发送至各部门负责人审核，审核内容包括员工总数、薪酬（包括绩效、社保）、总金额、员工所属部门、员工姓名、职级、岗位、考勤信息等，负责人审核无误后，财务部门再根据该表发放薪酬。

其次，医院应尽量使用银行转账的方式发放薪酬，避免现金发放。现金因其不记名的属性，交付和领取手续较为繁琐且易丢失，其发放过程中容易产生税务风险，而银行转账则高效且安全。本案例中出现的舞弊行为正是薪酬以现金形式发放的弊端。若医院确实需要以现金形式发放薪酬，则要在薪酬明细表上按照顺序编号，明细表要编制两联，第一联为确认联，由员工确认后签署姓名及日期；第二联为领取联，由员工领取后妥善保管，以备后查。

最后，医院应重新调整管理层的权限，重新确定部门岗位及职责，并采取相关部门定期轮岗的方式来发现可能存在的问题。JZ

医院在长达近 7 年的时间里都未能发现问题，根本原因在于财务部门在薪酬发放的流程中权力过于集中，财务部门既负责制作薪酬明细表，又负责发放薪酬，同时还负责账务处理，职务未能有效分离。中小企业应尽量设立独立的人事岗位，将人事部门与财务部门交由不同人员负责，每月由人事部门负责制作薪酬表并申请薪酬发放，由财务部门审核薪酬表并发放薪酬，发放后进行账务处理。

案例 9-4　离职员工的恣意报复

深圳 MX 公司成立于 2013 年，主要业务是开发和销售某财务库存软件。2015 年年中，郑某入职该公司产品研发部门担任技术开发人员，负责不断改进现有产品的功能，故拥有进入公司服务器的权限。不久，郑某因表现优异被提拔为技术经理，且因郑某在入职前是国内某知名软件公司的售后人员，拥有丰富的客户资源，公司本着人尽其用的原则，也安排郑某兼任公司的大客户销售经理。

2016 年，郑某给公司带来十几份总金额接近百万元的客户合约，同时又顺利改进了被客户投诉的好几个软件功能，因此更加被公司重用。但因为工作压力过大，郑某产生了离职的想法。郑某为此与公司总经理谢某沟通几次均不欢而散，谢某认为郑某是为了提高工资待遇故以离职为要挟。2016 年 5 月起，郑某多次请假，8 月末，郑某正式提出离职。但在离职交接过程中，手握大客户信息的郑某却未能将客户信息交接清楚，只留下了合同复印件和文件清单，接手人员对此也是一知半解。2016 年 10 月，郑某从 MX 公司正式离职，同时公司根据合同中条款要向大客户收款，但接手人员和财务部门对郑某经手的客户账务无从下手，也无法联系上郑某。随后，因公司在郑某离职后未能履行答应他的离职赔偿，郑某遂产生报复念头。2016 年 10 月末，郑某远程登录公司服务器，将公司最新版本的产品删除，给公司造成上百万元的损失。

💡 分析

本案例中，出现问题的原因，一方面在于离职交接流程中存在漏洞，导致人员离职后仍有权限进入公司数据库；另一方面在于忽视离职前的账务交接，导致账务混乱，影响客户款项的收回。从内部控制的角度来看，建议公司从以下几个方面加以改进。

首先，公司应完善员工离职手续并优化离职流程。销售、采购、信息、财务等关键部门的员工离职前，最重要的工作就是交接本职工作。离职员工与交接人员完成交接后，双方在离职申请单上签字确认，离职申请单经过业务部门负责人复核签字后，工作才算正式移交。

其次，对于财务上的交接，财务人员需了解离职员工所负责的客户姓名及产品，获取财务账表，与离职员工和交接人员确认客户的款项、开票、送货等事项是否完成交接，另外再确认离职员工是否有应还借款、公司资产是否均已退还，确认无误后，财务部门负责人需在离职申请单上签字，代表账务已交接。

再次，对于系统上的交接，信息部门负责人可通过离职员工的姓名在相关系统中查询，关闭系统中离职员工账号的所有权限，关闭后在离职申请单上确认签字。

最后，离职员工将经过多部门确认签字的离职申请单交至人事部门复核，复核无误后，人事部门开具离职证明或退工单。

公司可将员工正式离职前需要交接清楚的客户、账务、系统账号等信息名目编制进员工离职申请单，人事部门对所有名目的内容进行最后复核，此举能够有效控制和避免因员工离职导致的风险。

9.3　常用工具表单

员工调动 / 离职申请单

表 9-3　员工调动 / 离职申请单

员工调动 / 离职申请单						
部门		姓名		职务		岗位	
申请日期		入职日期		预定离职日期		
种类	□ 辞职　　□ 调动　　□ 合同期满不续签　　□ 其他					
原因	□ 身体原因　　□ 工作环境　　□ 工作时间 □ 人际关系　　□ 家庭因素　　□ 交通因素					
具体原因说明						
部门负责人批复						
人事部门批复						

（续表）

员工调动 / 离职申请单							
离职工作交接	部门内工作	□ 全部交接 □ 未交接	□ 其他				
		部门交接人签字			部门负责人签字		
	财务相关	借款 / 备用金已还	□ 是 □ 否	□ 其他			
		应收账务已交接	□ 是 □ 否	□ 其他			
		应付账务已交接	□ 是 □ 否	□ 其他			
		资产已交接	□ 是 □ 否	□ 其他			
		其他账务已交接	□ 是 □ 否	□ 其他			
		财务部门负责人签字					
	系统相关	涉及系统名称	账号关闭	□ 是 □ 否	□ 其他		
		公司邮箱	账号关闭	□ 是 □ 否	□ 其他		
		信息部门负责人签字					
	实物相关	□ 全部交接 □ 未交接	□ 其他				
		交接人姓名			部门负责人签字		
	备注情况说明						
经双方协商最后工作日期				总经理（经理级以上）签字